문해력과 어휘력이 답이다 ①

문어답 1
문해력과 어휘력이 답이다

초판 1쇄 발행 2024년 6월 21일

지은이 최석
펴낸이 장길수
펴낸곳 지식과감성#
출판등록 제2012-000081호

교정 김지원
디자인 정윤솔
편집 정윤솔
검수 한장희
마케팅 김윤길, 정은혜

주소 서울시 금천구 벚꽃로298 대륭포스트타워6차 1212호
전화 070-4651-3730~4
팩스 070-4325-7006
이메일 ksbookup@naver.com
홈페이지 www.knsbookup.com

ISBN 979-11-392-1926-5(63700)
값 18,000원

- 이 책의 판권은 지은이에게 있습니다.
- 이 책 내용의 전부 또는 일부를 재사용하려면 반드시 지은이의 서면 동의를 받아야 합니다.
- 잘못된 책은 구입하신 곳에서 바꾸어 드립니다.

지식과감성#
홈페이지 바로가기

제품명: 문어답 1(문해력과 어휘력이 답이다) | **제조자명:** 지식과감성# | **제조국명:** 대한민국
주소: 서울시 금천구 벚꽃로298 대륭포스트타워6차 1212호 | **전화:** 070-4651-3730
* KC마크는 이 제품이 공통안전기준에 적합하였음을 의미합니다.
⚠ 주의 아이들이 책을 입에 대거나 모서리에 다치지 않게 주의하세요.

문해력과 어휘력이 답이다 ①

최석 지음

(주)대한민국 한자검정시험
네이버 한자사전 기준
(8급, 준7급, 7급 한자 어휘)

지식과감성#

머리말

빨리빨리!!
아이 지겨워. 더 재미있는 놀이나 게임이 없을까?

요즘 어린이들은 어릴 때부터 핸드폰, TV, 유튜브(쇼츠) 등에 노출되어 자극적인 영상을 접하다 보니 책을 멀리하고 끈기 있게 앉아서 몰두하는 집중력이 많이 결여되어 있습니다. 이 문제는 앞으로 더 심해질 것입니다.

사람은 생각하는 존재라고 하죠. 동물과 다른 이유입니다.
무엇을 고민하는 사유의 힘은 지식 습득의 바탕 위에서 가능합니다.

글을 읽고 무엇을 뜻하는지 이해하는 능력인 문해력과 기본적인 어휘력은 학습의 첫 단계이고, 잘 풀리지 않는 문제에 골똘히 몰두하는 집중의 과정은 그다음 단계라고 할 수 있습니다.
즉, 집중을 잘하려면 배운 내용에 대한 이해가 선행되어야 하는데 학습 이해력을 키우기 위한 강력한 무기가 어휘력과 문해력입니다.

(어휘력 + 문해력) ▶ 학습 이해 능력 ▶ 학습 집중력

『문어답』시리즈로 신장된 어휘력과 문해력을 갖추면 글 내용이 쉽게 파악되므로 즐거운 독서 습관을 만들 수 있습니다. 습관의 밭에 양서(良書)라는 씨를 뿌려 탐스러운 몰입도, 집중력의 열매를 얻고자 함이 문어답의 최종 목표입니다.

우리 어린이들이 문어답을 벗 삼아 더 넓은 세상으로 갈 수 있기를 바라 봅니다.

㈜대한민국한자검정시험 대표 **최 석**

★문어답 책의 특징★

책 속의 한자 어휘는 모두 8급, 준7급, 7급 한자로만 구성된 어휘입니다.
쉬운 어휘부터 단계적으로 공부할 수 있게 구성하였습니다.

★문어답 한자 카드 활용법★

책에 수록되어 있는 한자 카드를 가위로 오려서 사용해 보세요.
150장의 한자 카드를 급수별로 나눈 후 한자를 먼저 보고 한글을 봅니다.
못 외워도 괜찮으니 최대한 빨리 여러 번 보는 게 효과적입니다.

여러 번 본 한자 카드로 부모님이나 친구들과 서로서로 누가 더 많이 아는지
훈(한자의 뜻)과 음(한자 소리)을 맞히는 게임을 해 보세요.

山   메   산
    훈(뜻) 음(소리)

문어답 책 속의 ★셀로판지★ 사용법

빨간색 셀로판지는 《단어 왕(王) 게임》에서 사용해요.

《단어 왕(王) 게임》페이지를 셀로판지로 가리고
아래쪽으로 천천히 내리면서 정답을 확인해 보세요.

열심히 단어를 공부해서 단어 왕(王)이 되어 보세요.
친구들과 같이 문제를 풀면 더욱 재미있어요.

목차

머리말 · 4
배정한자표 · 9

이론, 문제 편

1일 차 초등 필수 어휘 · 14
학습 문제 · 15
2일 차 초등 필수 어휘 · 17
학습 문제 · 18
3일 차 초등 필수 어휘 · 20
학습 문제 · 21
4일 차 초등 필수 어휘 · 23
학습 문제 · 24
5일 차 초등 필수 어휘 · 26
학습 문제 · 28
6일 차 초등 필수 어휘 · 30
학습 문제 · 31
7일 차 초등 필수 어휘 · 33
8일 차 초등 필수 어휘 · 36
학습 문제 · 37
9일 차 초등 필수 어휘 · 39
학습 문제 · 40
10일 차 초등 필수 어휘 · 42
학습 문제 · 44

11일 차 초등 필수 어휘 · 46
학습 문제 · 48
12일 차 초등 필수 어휘 · 50
학습 문제 · 51
13일 차 초등 필수 어휘 · 53
14일 차 초등 필수 어휘 · 57
학습 문제 · 59
15일 차 초등 필수 어휘 · 61
학습 문제 · 63
16일 차 초등 필수 어휘 · 65
학습 문제 · 66

8급 배정한자 추론 문제

창의력과 사고력을 키우는 한자 추론 문제 1 · · · · · · · · · · · · · · · · · · · 68
창의력과 사고력을 키우는 한자 추론 문제 2 · · · · · · · · · · · · · · · · · · · 69
창의력과 사고력을 키우는 한자 추론 문제 3 · · · · · · · · · · · · · · · · · · · 70
창의력과 사고력을 키우는 한자 추론 문제 4 · · · · · · · · · · · · · · · · · · · 71
창의력과 사고력을 키우는 한자 추론 문제 5 · · · · · · · · · · · · · · · · · · · 72
창의력과 사고력을 키우는 한자 추론 문제 6 · · · · · · · · · · · · · · · · · · · 73
창의력과 사고력을 키우는 한자 추론 문제 7 · · · · · · · · · · · · · · · · · · · 74
창의력과 사고력을 키우는 한자 추론 문제 8 · · · · · · · · · · · · · · · · · · · 75
창의력과 사고력을 키우는 한자 추론 문제 9 · · · · · · · · · · · · · · · · · · · 76
창의력과 사고력을 키우는 한자 추론 문제 10 · · · · · · · · · · · · · · · · · · 77

준7급 배정한자 추론 문제

창의력과 사고력을 키우는 한자 추론 문제 11 ········· 78
창의력과 사고력을 키우는 한자 추론 문제 12 ········· 79
창의력과 사고력을 키우는 한자 추론 문제 13 ········· 80
창의력과 사고력을 키우는 한자 추론 문제 14 ········· 81
창의력과 사고력을 키우는 한자 추론 문제 15 ········· 82
창의력과 사고력을 키우는 한자 추론 문제 16 ········· 83
창의력과 사고력을 키우는 한자 추론 문제 17 ········· 84

7급 배정한자 추론 문제

창의력과 사고력을 키우는 한자 추론 문제 18 ········· 85
창의력과 사고력을 키우는 한자 추론 문제 19 ········· 86
창의력과 사고력을 키우는 한자 추론 문제 20 ········· 87
창의력과 사고력을 키우는 한자 추론 문제 21 ········· 88
창의력과 사고력을 키우는 한자 추론 문제 22 ········· 89
창의력과 사고력을 키우는 한자 추론 문제 23 ········· 90
창의력과 사고력을 키우는 한자 추론 문제 24 ········· 91
창의력과 사고력을 키우는 한자 추론 문제 25 ········· 92
창의력과 사고력을 키우는 한자 추론 문제 26 ········· 93
창의력과 사고력을 키우는 한자 추론 문제 27 ········· 94

정답표 ··· 95
문어답 한자 카드 ··· 105

8급 배정한자

教	校	九	國	軍	金
가르칠 **교**	학교 **교**	아홉 **구**	나라 **국**	군사 **군**	쇠 **금** 성 **김**
南	女	年	大	東	六
남녘 **남**	여자 **여(녀)**	해 **년**	큰 **대**	동녘 **동**	여섯 **륙**
萬	母	木	門	民	白
일만 **만**	어머니 **모**	나무 **목**	문 **문**	백성 **민**	흰 **백**
父	北	四	山	三	生
아버지 **부**	북녘 **북** 달아날 **배**	넉 **사**	메 **산**	석 **삼**	날 **생**
西	先	小	水	室	十
서녘 **서**	먼저 **선**	작을 **소**	물 **수**	집/방 **실**	열 **십**
五	王	外	月	二	人
다섯 **오**	임금 **왕**	바깥 **외**	달 **월**	두 **이**	사람 **인**
一	日	長	弟	中	靑
한 **일**	날/해 **일**	긴/어른 **장**	아우 **제**	가운데 **중**	푸를 **청**
寸	七	土	八	學	韓
마디 **촌**	일곱 **칠**	흙 **토**	여덟 **팔**	배울 **학**	한국/나라 **한**
兄	火				
형/맏 **형**	불 **화**				

준7급 배정한자

家 집 가	間 사이 간	江 강 강	車 수레 거/차	工 장인 공	空 빌 공
記 기록할 기	氣 기운 기	男 남자 남	內 안 내	農 농사 농	答 대답 답
道 길 도	動 움직일 동	力 힘 력	立 설 립	每 매양 매	名 이름 명
物 물건 물	方 모 방	不 아닐 불/부	事 일 사	上 윗 상	姓 성씨 성
世 인간 세	手 손 수	市 저자 시	時 때 시	食 밥/먹을 식	安 편안 안
午 낮 오	右 오른 우	子 아들 자	自 스스로 자	場 마당 장	全 온전 전
前 앞 전	電 번개/전기 전	正 바를 정	足 발 족	左 왼 좌	直 곧을 직
平 평평할 평	下 아래 하	漢 한수/한나라/놈 한	海 바다 해	話 말씀 화	活 살 활
孝 효도 효	後 뒤 후				

7급 배정한자

歌	口	旗	冬	同	洞
노래 가	입 구	깃발 기	겨울 동	한가지 동	골/마을 동 밝을 통
登	來	老	里	林	面
오를 등	올 래	늙을 로	마을 리	수풀 림	낯 면
命	文	問	百	夫	算
목숨 명	글월 문	물을 문	일백 백	지아비 부	셈할 산
色	夕	少	所	數	植
빛 색	저녁 석	적을 소	바 소	셈 수 자주 삭	심을 식
心	語	然	有	育	邑
마음 심	말씀 어	그러할 연	있을 유	기를 육	고을 읍
入	字	祖	主	住	重
들 입	글자 자	할아버지 조	임금/주인 주	살 주	무거울 중
地	紙	千	川	天	草
땅 지	종이 지	일천 천	내 천	하늘 천	풀 초
村	秋	春	出	便	夏
마을 촌	가을 추	봄 춘	날 출	편할 편 똥·오줌 변	여름 하
花	休				
꽃 화	쉴 휴				

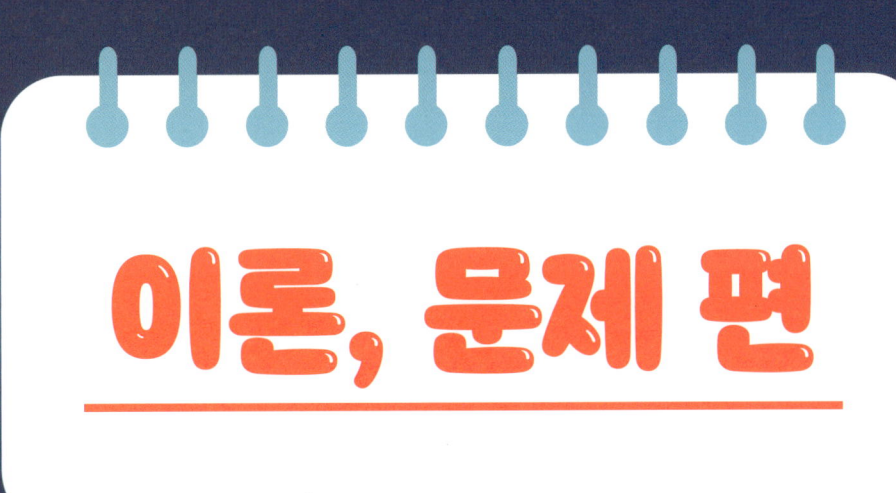

초등 필수 어휘 1일차

번호	단어와 뜻	예문
1	家口[가구] : 집안 식구	
2	家門[가문] : 가족 또는 가까운 친척으로 이루어진 공동체	김씨 **가문**, 이씨 **가문**
3	家事[가사] : 살림살이에 관한 일	**가사**를 돌보다
4	歌手[가수] : 노래 부르는 것이 직업인 사람	
5	家長[가장] : 한 가정을 이끌어 나가는 사람	
6	家電[가전] : 가정에서 사용하는 전기 기기 제품	
7	間食[간식] : 끼니[1] 사이에 간단히 먹는 음식	
8	江山[강산] : 강과 산이라는 뜻으로 자연의 경치를 이르는 말	아름다운 **강산** 10년이면 **강산**도 변한다
9	江村[강촌] : 강가에 있는 마을	**강촌**의 풍경
10	空間[공간] : 아무것도 없는 빈 곳	좁은 **공간**
11	空氣[공기] : 구를 둘러싼 색깔과 냄새가 없는 투명한 기체	맑은 **공기**
12	工夫[공부] : 학문이나 기술을 배우고 익힘	
13	工事[공사] : 토목[2]이나 건축[3] 등에 관한 일	학교 석면 **공사**
14	工場[공장] : 기계 등을 갖추어 물건을 만들어 내는 곳	자동차 **공장**
15	空中[공중] : 하늘과 땅 사이의 빈 곳	새는 **공중**을 마음껏 날아다닌다
16	校歌[교가] : 학교를 상징하는 노래	
17	校內[교내] : 학교의 안	**교내** 백일장, **교내** 미술 경연 대회
18	校門[교문] : 학교의 문	
19	敎室[교실] : 학습 활동이 이루어지는 방	
20	校外[교외] : 학교의 밖	**교외** 활동, **교외** 실습

1 끼니 : 일정한 시간에 먹는 밥
2 토목(土木) : 땅과 하천 등을 고쳐 만드는 일
3 건축 : 건물을 만드는 일

학습 문제

1 설명에 맞는 단어를 선으로 이어 보세요.

학교의 밖 •   • 교실(敎室)

자연의 경치 •   • 공기(空氣)

학습 활동이 이루어지는 방 •   • 교외(校外)

토목, 건축에 관한 일 •   • 江山(강산)

지구를 둘러싼 색깔과 냄새가
없는 투명한 기체   •   • 工事(공사)

2 그림에 맞는 단어를 선으로 이어 보세요.

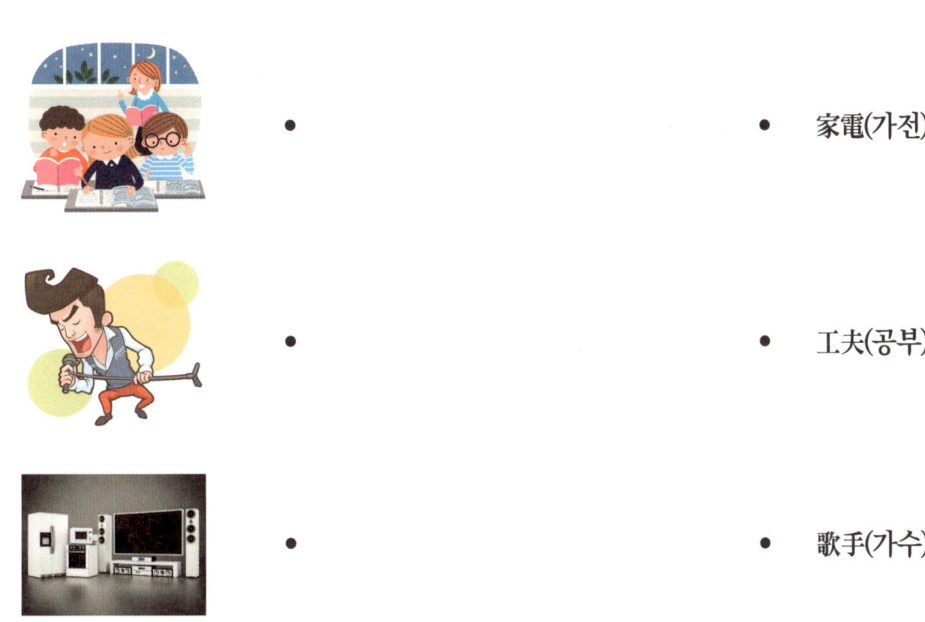

• 家電(가전)

• 工夫(공부)

• 歌手(가수)

단어 왕(王) 게임

셀로판지를 이용해 문제를 풀어 보세요.

1. 집안 식구(食口)

가구(家口)　　　　가문(家門)

정답! (다음 문제로)　　땡! (10점)

2. 강가에 있는 마을

工場　　　　江村

땡! (20점)　　정답! (다음 문제로)

3. 학교를 상징하는 노래

校歌(교가)　　　　家電(가전)

정답! (다음 문제로)　　땡! (30점)

4. 하늘과 땅 사이의 빈 곳

間食　　　　空中

땡! (40점)　　정답! (다음 문제로)

5. 가정을 이끌어 나가는 사람

공간(空間)　　　　가장(家長)

땡! (50점)　　정답! (100점)

초등 필수 어휘 2일 차

번호	단어와 뜻	예문
21	敎育[교육] : 지식과 기술 등을 가르치며 인격을 길러 줌	
22	校長[교장] : 학교의 가장 큰 어른. 으뜸 직위에 있는 사람	
23	九月[구월] : 한 해 열두 달 가운데 아홉째 달	
24	九日[구일] : 그달의 아홉째 날	
25	國歌[국가] : 나라를 대표하는 노래	
26	國家[국가] : 국민, 영토, 주권[1]으로 이루어진 사회 집단	
27	國軍[국군] : 한 나라의 군대	
28	國旗[국기] : 나라를 대표하고 나타내는 기	**국기**에 대한 경례
29	國內[국내] : 나라의 안	**국내** 여행
30	國力[국력] : 나라의 힘	**국력**을 키우다
31	國立[국립] : 국가에서 세우고 관리함	**국립** 해양 박물관 형이 다니는 고등학교는 **국립**이다
32	國民[국민] : 국가를 이루는 사람들	
33	國王[국왕] : 나라의 임금	
34	國有[국유] : 나라의 소유(가지고 있는 것)	중요한 지하자원을 **국유**로 하다
35	國土[국토] : 나라의 땅	
36	國花[국화] : 한 나라를 상징하는 꽃	대한민국의 **국화**는 무궁화이다
37	軍人[군인] : 군대에 있으면서 나라를 지키는 사람	
38	記事[기사] : 사실을 적은 글	신문 **기사**
39	氣色[기색] : 마음의 작용으로 얼굴에 드러나는 빛	즐거워하는 **기색**
40	記入[기입] : 종이 빈칸에 써야 될 내용을 적어 넣음	시험지에 이름을 **기입**해 주세요

---

1 주권 : 국가의 일을 결정하는 힘

학습 문제

1 설명에 맞는 단어를 선으로 이어 보세요.

나라가 가지고 있는 것 •   • 국내(國內)

나라를 대표하는 노래 •   • 국유(國有)

한 나라의 군대 •   • 국가(國家)

나라의 안 •   • 國軍(국군)

국민, 영토, 주권으로
이루어진 사회집단 •   • 國歌(국가)

2 그림에 맞는 단어를 선으로 이어 보세요.

 •   • 校長(교장)

 •   • 국기(國旗)

 •   • 軍人(군인)

단어 왕(王) 게임

셀로판지를 이용해 문제를 풀어 보세요.

1. 한 나라를 상징하는 꽃

國土(국토)   國花(국화)

땡! (10점!)   정답! (다음 문제로)

2. 종이에 써야 될 내용을 적어 넣음

기색(氣色)   기입(記入)

땡! (20점)   정답! (다음 문제로)

3. 나라의 힘

國力(국력)   國立(국립)

정답! (다음 문제로)   땡! (30점)

4. 나라의 임금

國王   國民

정답! (다음 문제로)   땡! (40점)

5. 지식 등을 가르치며 인격을 길러 줌

교육(敎育)   기사(記事)

정답! (100점)   땡! (50점)

초등 필수 어휘 3일 차

번호	단어와 뜻	예문
41	**男女**[남녀] : 남자와 여자	
42	**南北**[남북] : 남쪽과 북쪽	
43	**男子**[남자] : 남성으로 태어난 사람	
44	**男便**[남편] : 결혼하여 여자의 짝이 된 남자	**남편**이 아내에게 꽃을 선물하였다
45	**內面**[내면] : ① 물건의 안쪽 ② 사람의 속마음	기계의 **내면**을 들여다보다 인간의 **내면**을 들여다보다
46	**老少**[노소] : 늙은이와 젊은이	이 운동은 **노소**에 관계없이 집 안에서 가볍게 할 수 있다
47	**老後**[노후] : 늙어진 뒤	그는 **노후**를 대비하여 저축을 했다
48	**農家**[농가] : 농사로 생계[1]를 꾸려 가는 가정	태풍 때문에 밭농사하는 **농가**들이 큰 타격을 입었다
49	**農夫**[농부] : 농사짓는 일을 직업으로 하는 사람	부지런한 **농부** 아저씨
50	**農事**[농사] : 논이나 밭의 농작물을 키우는 일	쌀 **농사**, 배추 **농사**
51	**農地**[농지] : 농사짓는 데 쓰는 땅	**농지**가 네모반듯하다 그들은 산을 일구어 **농지**를 만들었다
52	**農村**[농촌] : 주민의 대부분이 농사일을 하는 마을	평화로운 **농촌**의 모습
53	**答紙**[답지] : 문제에 대한 답을 쓰는 종이	**답지**를 채우다
54	**大氣**[대기] : 공기	**대기** 오염
55	**大門**[대문] : 집 밖으로 통하는 커다란 문	
56	**大小**[대소] : 크고 작음	
57	**大王**[대왕] : 훌륭하고 뛰어난 임금	세종 **대왕**은 책 읽기를 좋아하였다
58	**大學校**[대학교] : 여러 학문을 연구하는 최고 교육 기관	
59	**動物**[동물] : 짐승, 사람, 벌레 등을 통틀어 이르는 말	
60	**同時**[동시] : 같은 때	우리는 **동시**에 서로의 이름을 불렀다

---

1 생계 : 살아갈 방법

학습 문제

1. 그림에 맞는 단어를 선으로 이어 보세요.

　　·　　　　　　　　·　南北(남북)

　　·　　　　　　　　·　農夫(농부)

　　·　　　　　　　　·　大王(대왕)

　　·　　　　　　　　·　動物(동물)

2. 보드판에 숨어 있는 단어를 가로, 세로, 대각선에서 찾아 묶어 보세요.

숨은 단어: 농촌, 농지, 노후, 노소, 남편

校	農	地
村	老	後
男	便	少

단어 왕(王) 게임

셀로판지를 이용해 문제를 풀어 보세요.

1. 여러 학문을 연구하는 최고 교육 기관

　　大學校　　　　　　中學校

　　정답! (다음 문제로)　　땡! (10점)

2. 사람의 속마음

　　內面(내면)　　　　　大小(대소)

　　정답! (다음 문제로)　　땡! (20점)

3. 농작물을 키우는 일

　　農家　　　　　　　農事

　　땡! (30점)　　　　정답! (다음 문제로)

4. 문제에 대한 답을 쓰는 종이

　　大氣(대기)　　　　　答紙(답지)

　　땡! (40점)　　　　정답! (다음 문제로)

5. 같은 때

　　同時(동시)　　　　　大門(대문)

　　정답! (100점)　　　땡! (50점)

초등 필수 어휘 — 4일 차

번호	단어와 뜻	예문
61	登校[등교] : 학생이 학교에 감	**등교** 시간
62	登山[등산] : 운동 등의 목적으로 산에 오름	
63	登場[등장] : 무대에 나옴	주인공의 **등장**
64	萬金[만금] : 아주 많은 돈	**만금**을 준다 해도 이 물건은 팔지 않을 겁니다
65	萬年[만년] : ① 오랜 세월 ② 언제나 변함없이 같은 상태	
66	萬一[만일] : ① 만 가운데 하나 정도 ② 혹시 있을지도 모르는 뜻밖의 경우	은혜에 **만일**의 보답도 못 하였다 **만일**의 경우
67	每事[매사] : 하나하나의 모든 일	그는 **매사**에 빈틈이 없다
68	每日[매일] : 하루하루 각각의 날	
69	名山[명산] : 이름난 산	그는 유명한 **명산**들을 찾아다녔다
70	名所[명소] : 이름이 널리 알려진 곳	관광 **명소**
71	母國[모국] : 자기가 태어난 나라	
72	母校[모교] : 자기가 다니거나 졸업한 학교	**모교**를 찾아갔다
73	母子[모자] : 어머니와 아들	오랜만에 만난 **모자**는 많은 이야기를 나누었다
74	木工[목공] : ① 나무를 다루어 물건을 만드는 일 ② 나무를 다루어 집을 짓거나 물건 만드는 일을 직업으로 하는 사람 (=木手, 목수)	삼촌은 고등학교를 졸업한 후 **목공**을 배웠다 삼촌은 마을에서 유명한 **목공**으로 소문났다
75	木手[목수] : 나무를 다루는 일을 직업으로 하는 사람(=木工, 목공)	
76	問答[문답] : 물음과 대답	**문답**을 주고받다
77	文物[문물] : 정치, 경제, 예술 등 문화에 관한 모든 것	동양과 서양의 **문물**
78	問安[문안] : 웃어른께 안부[1]를 여쭘	옛날에는 아침마다 부모님께 **문안**을 드렸다
79	文字[문자] : 언어를 적는 데 사용하는 글자 기호	**문자** 메시지 그는 **문자**라고는 'ㄱ' 자도 모른다
80	民心[민심] : 백성의 마음	그 왕은 **민심**을 얻었다

---

1 안부 : 편안하게 잘 지내시는지 묻는 일

학습 문제

1. 서로 관련 있는 것을 이어 보세요.

문자(文字) •   • 이름난 산

만일(萬一) •   • 하루하루 각각의 날

모자(母子) •   • 어머니와 아들

매일(每日) •   • 혹시 있을지도 모르는 뜻밖의 경우

명산(名山) •   • 언어를 적는 데 사용하는 글자 기호

2. 단어에 맞는 그림을 찾아 선으로 이어 보세요.

목수(木手) •   •

등산(登山) •   •

만금(萬金) •   •

단어 왕(王) 게임

셀로판지를 이용해 문제를 풀어 보세요.

1. 이름이 널리 알려진 곳

목공(木工)   명소(名所)

땡! (10점)   정답! (다음 문제로)

2. 자기가 다니거나 졸업한 학교

母校(모교)   敎室(교실)

정답! (다음 문제로)   땡! (20점)

3. 무대에 나옴

登校(등교)   登場(등장)

땡! (30점)   정답! (다음 문제로)

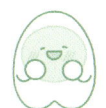
4. 웃어른께 안부를 여쭘

問答   問安

땡! (40점)   정답! (다음 문제로)

5. 백성의 마음

民心   萬年

정답! (100점)   땡! (50점)

초등 필수 어휘 — 5일 차

번호	단어와 뜻	예문
81	民主[민주] : 주권(국가의 일을 결정하는 힘)이 국민에게 있음	우리나라는 **민주** 국가이다
82	方面[방면] : 어떤 장소나 지역이 있는 방향	남쪽 **방면**으로 여행하다
83	方便[방편] : 그때그때의 경우에 따라 일을 쉽고 편하게 할 수 있는 방법	약을 먹는 것은 임시적 **방편**일 뿐이다
84	百姓[백성] : 일반 국민을 예스럽게[1] 이르는 말	
85	白紙[백지] : 아무것도 쓰거나 그리지 않은 종이, 흰 종이	**백지**에 낙서를 했다
86	便所[변소] : 대소변을 보도록 만들어 놓은 곳	
87	父母[부모] : 아버지와 어머니	
88	夫人[부인] : ① 남의 아내를 높여 이르는 말 ② 남자가 자기 아내를 이르던 말	**부인**은 안녕하시지요?
89	父子[부자] : 아버지와 아들	**부자**가 꼭 닮았다 우리 **부자**는 휴일마다 함께 등산을 한다
90	不正[부정] : 바르지 않거나 옳지 못함	
91	不足[부족] : 일정한 정도나 양에 이르지 못해 충분하지 않음	
92	北韓[북한] : 대한민국의 휴전선 북쪽 지역	
93	不安[불안] : 마음이 편하지 아니하고 조마조마함	
94	不便[불편] : 어떤 일을 하거나 이용하는 것이 쉽지 않음	
95	不平[불평] : 마음에 들지 아니하여 못마땅하게 여김	**불평**을 늘어놓다
96	不孝[불효] : 부모님을 잘 섬기지 아니하여 자식된 도리[2]를 못함	
97	事物[사물] : 일과 물건을 이르는 말	우리는 독서를 통하여 많은 **사물**과 그 이름을 배운다

1   예스럽게 : 옛것과 같은 맛이나 멋이 있게
2   도리 : 마땅히 해야 할 바른길

번호	단어와 뜻	예문
98	**四方**[사방] : 동, 서, 남, 북 네 방위	**사방**을 둘러보다 **사방**에서 사람들이 몰려들었다
99	**事前**[사전] : 일이 일어나기 전	**사전** 준비를 철저히 하다
100	**四寸**[사촌] : 부모님 형제자매의 아들이나 딸	

학습 문제

1. 서로 관련 있는 것을 이어 보세요.

四方(사방) •   • 남의 아내를 높여 이르는 말, 남자가 자기 아내를 이르던 말

民主(민주) •   • 마음이 편하지 아니하고 조마조마함

夫人(부인) •   • 국가의 일을 결정하는 힘이 국민에게 있음

不安(불안) •   • 동, 서, 남, 북 네 방위

便所(변소) •   • 대소변을 보도록 만들어 놓은 곳

2. 보드판에 숨어 있는 단어를 가로, 세로, 대각선에서 찾아 묶어 보세요.

숨은 단어 : 백성, 백지, 부자, 부모, 모자

百	姓	民
父	白	紙
母	子	姓

단어 왕(王) 게임

셀로판지를 이용해 문제를 풀어 보세요.

1. 마음에 들지 않아 못마땅하게 여김

불평(不平)   불효(不孝)

2. 부모님 형제자매의 아들, 딸

사촌(四寸)   삼촌(三寸)

3. 대한민국의 휴전선 북쪽 지역

方便(방편)   北韓(북한)

4. 어떤 일을 이용하는 것이 쉽지 않음

不便   不正

5. 일이 일어나기 전

事物(사물)   事前(사전)

초등 필수 어휘   6일 차

번호	단어와 뜻	예문
101	事後[사후] : 일이 끝난 뒤	국산품은 외국 제품에 비하여 **사후** 관리가 편리하다
102	山間[산간] : 산과 산 사이	**산간** 마을
103	山水[산수] : 산과 물이라는 뜻으로, 경치를 이르는 말	**산수**가 좋다 우리나라는 **산수**가 아름답기로 유명하다
104	山川[산천] : 산과 내	어릴 적 뛰어놀던 고향 **산천**
105	山村[산촌] : 산속에 있는 마을	저녁 안개와 어우러진 **산촌**의 풍경 할머니 집은 아주 조용한 **산촌**에 있다
106	算出[산출] : 계산하여 냄	시험 성적 **산출**
107	三寸[삼촌] : 아버지나 어머니의 형제	
108	上空[상공] : 높은 하늘	**상공**에 연을 띄우다
109	上下[상하] : 위와 아래	그녀가 입은 옷은 **상하**가 서로 잘 어울린다
110	色紙[색지] : 색종이(여러 가지 빛깔의 종이)	
111	生家[생가] : 어떤 사람이 태어난 집	유명한 사람들의 **생가**
112	生命[생명] : 살아 있는 상태	
113	生母[생모] : 자기를 낳은 어머니	
114	生物[생물] : 생명을 가지고 스스로 살아가는 것	바다의 **생물**
115	生父[생부] : 자기를 낳은 아버지	그는 커 갈수록 **생부**의 얼굴을 닮아 갔다
116	生水[생수] : 샘에서 솟아 나오는 맑은 물	
117	生日[생일] : 세상에 태어난 날	
118	生前[생전] : 살아 있는 동안	할아버지께서 **생전**에 하신 말씀
119	生花[생화] : 살아 있는 화초에서 꺾은 진짜 꽃	**생화**로 만든 꽃다발
120	生活[생활] : 사람이나 동물이 일정한 환경에서 활동하며 살아감	

학습 문제

1. 설명에 맞는 단어를 선으로 이어 보세요.

산과 산 사이 •	• 상하(上下)
위와 아래 •	• 색지(色紙)
색종이 •	• 山川(산천)
사람이나 동물이 일정한 환경에서 활동하며 살아감 •	• 山間(산간)
산과 내 •	• 生活(생활)

2. 그림과 어울리는 단어를 선으로 이어 보세요.

 •   • 生日(생일)

 •   • 算出(산출)

 •   • 上空(상공)

단어 왕(王) 게임

셀로판지를 이용해 문제를 풀어 보세요.

1. 자기를 낳은 어머니

生母　　　　　　　生父

정답! (다음 문제로)　　　땡! (10점)

2. 샘에서 솟아 나오는 맑은 물

生水　　　　　　　生花

정답! (다음 문제로)　　　땡! (20점)

3. 산속 마을

山水　　　　　　　山村

땡! (30점)　　　정답! (다음 문제로)

4. 어떤 사람이 태어난 집

生家　　　　　　　生歌

정답! (다음 문제로)　　　땡! (40점)

5. 일이 끝난 뒤

生前(생전)　　　　事後(사후)

땡! (50점)　　　정답! (100점)

초등 필수 어휘 7일 차

번호	단어와 뜻	예문
121	生後[생후] : 태어난 후	생후 8개월 된 아기
122	西山[서산] : 서쪽에 있는 산	이미 서산에는 해가 지고 있었다
123	夕食[석식] : 저녁밥	
124	先生[선생] : 학생을 가르치는 사람	
125	先祖[선조] : 먼 윗대의 조상	우리 선조가 남긴 귀중한 문화재
126	姓名[성명] : 성과 이름	
127	世上[세상] : 사람이 살고 있는 모든 사회	
128	少女[소녀] : 어린 여자아이	
129	少年[소년] : 어린 사내아이	
130	所有[소유] : 자기 것으로 가짐	이 건물은 국가 소유이다
131	水力[수력] : 흐르거나 떨어지는 물의 힘	불어난 강물의 엄청난 수력에 밀려 배는 점점 아래로 떠내려갔다
132	水上[수상] : 물의 위	수상 스키
133	手足[수족] : 손과 발	
134	水中[수중] : 물속	수중 탐사
135	手中[수중] : 손의 안	수중의 돈
136	水草[수초] : 물속이나 물가에 자라는 풀	어항 속 금붕어가 수초 뒤에 숨었다 연못가에는 갖가지 아름다운 수초가 자라고 있다
137	水平[수평] : 기울지 않고 평평한 상태	비행기가 수평으로 날고 있다 수평을 맞춰 벽에 액자를 걸었다
138	數學[수학] : 수량 및 공간의 성질에 관하여 연구하는 학문	그 수학자는 새로운 수학 공식을 발견하였다
139	時間[시간] : 어떤 시각에서 어떤 시각까지의 사이	시간이 얼마나 흘렀을까?
140	時空[시공] : 시간과 공간	시공을 초월한 사랑 이야기

단어 왕(王) 게임

셀로판지를 이용해 문제를 풀어 보세요.

1. 저녁밥

후식(後食)　　　　　석식(夕食)

땡! (10점)　　　　　정답! (다음 문제로)

2. 기울지 않고 평평한 상태

手平(수평)　　　　　수평(水平)

땡! (20점)　　　　　정답! (다음 문제로)

3. 자기 것으로 가짐

所有　　　　　　　　少年

정답! (다음 문제로)　　땡! (30점)

4. 흐르거나 떨어지는 물의 힘

水力　　　　　　　　水上

정답! (다음 문제로)　　땡! (40점)

5. 학생을 가르치는 사람

先生　　　　　　　　先祖

정답! (100점)　　　　땡! (50점)

단어 왕(王) 게임

셀로판지를 이용해 문제를 풀어 보세요.

1. 水中

손의 안   물속

땡! (10점)   정답! (다음 문제로)

2. 時空

시장의 장인   시간과 공간

 땡! (20점)   정답! (다음 문제로)

3. 少女

어린 여자아이   큰 여자아이

정답! (다음 문제로)   땡! (30점)

4. 水草

물속 마을   물속이나 물가에 자라는 풀

 땡! (40점)   정답! (다음 문제로)

5. 姓名

성과 이름   사람이 살고 있는 모든 사회

 정답! (100점)   땡! (50점)

초등 필수 어휘 8일 차

번호	단어와 뜻	예문
141	市內[시내] : 도시의 안	큰 백화점은 사람이 많이 다니는 **시내**에 있다
142	市立[시립] : 시에서 세우고 관리함	**시립** 무용단의 공연이 다음 주에 있다
143	市民[시민] : 시(市)에 사는 사람	
144	市外[시외] : 도시의 밖	**시외**버스
145	十月[시월] : 한 해 열두 달 가운데 열 번째 달	
146	市場[시장] : 여러 가지 물건을 사고파는 일정한 장소	
147	市長[시장] : 시(市)의 책임자	그녀는 시민을 위해 열심히 일하는 **시장**님이다
148	食口[식구] : 같은 집에 살며 끼니(일정한 시간에 먹는 밥)를 함께하는 사람	
149	植木日[식목일] : 나무를 많이 심고 가꾸기 위해 국가에서 정한 날(4월 5일)	
150	食事[식사] : 아침이나 점심, 저녁과 같이 일정한 시간에 음식을 먹음	
151	食前[식전] : 밥을 먹기 전	
152	食後[식후] : 밥을 먹은 뒤	이 약은 하루 세 번, **식후**에 먹으세요
153	室內[실내] : 집이나 건물의 안	**실내**에서는 뛰지 마세요
154	室外[실외] : 방이나 건물의 밖	축구와 야구는 **실외**에서 하는 운동이다
155	十日[십일] : 그달의 열째 날	
156	安心[안심] : 걱정을 떨쳐 버리고 마음을 편히 가짐	
157	安全[안전] : 위험이 생기거나 사고가 날 염려가 없음	
158	語學[어학] : 어떤 나라의 언어	**어학** 공부를 하러 외국에 간다
159	女王[여왕] : 여자 임금	
160	女子[여자] : 여성으로 태어난 사람	

학습 문제

1. 서로 관련 있는 것을 이어 보세요.

市內(시내) •　　　　　　　　• 도시의 밖

시월(十月) •　　　　　　　　• 물건을 사고파는 일정한 장소

市場(시장) •　　　　　　　　• 한 해 열두 달 가운데 열 번째 달

市長(시장) •　　　　　　　　• 시(市)의 책임자

市外(시외) •　　　　　　　　• 도시의 안

2. 보드판에 숨어 있는 단어를 가로, 세로, 대각선에서 찾아 묶어 보세요.

숨은 단어 : 어학, 수학, 시민, 안심, 안전

安	心	市
全	語	民
食	數	學

단어 왕(王) 게임

셀로판지를 이용해 문제를 풀어 보세요.

1. 나무를 심고 가꾸기 위해 국가에서 정한 날

植木日   食木日

정답! (다음 문제로)   땡! (10점)

2. 여자 임금

女子   女王

땡! (20점)   정답! (다음 문제로)

3. 밥을 먹은 뒤

食前   食後

땡! (30점)   정답! (다음 문제로)

4. 시에서 세우고 관리함

市入   市立

땡! (40점)   정답! (다음 문제로)

5. 같은 집에 살며 끼니를 함께하는 사람

食事   食口

땡! (50점)   정답! (100점)

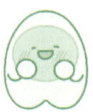

초등 필수 어휘

9일 차

번호	단어와 뜻	예문
161	力不足[역부족] : 힘이나 기량이 모자람	그는 최선을 다했으나 **역부족**으로 실패하였다 너 혼자 그들과 겨룬다는 것은 **역부족**이다
162	年間[연간] : 한 해 동안	그는 **연간** 10억 원을 번다
163	年老[연로] : 나이가 들어서 늙음	**연로**하신 할머니를 도와드리다
164	午前[오전] : 밤 열두 시부터 낮 열두 시까지의 동안	
165	午後[오후] : 낮 열두 시부터 밤 열두 시까지의 동안	
166	王家[왕가] : 왕의 집안	그는 **왕가**의 후손이다
167	王國[왕국] : 임금이 다스리는 나라	
168	王室[왕실] : 임금의 집안	오늘 역사 시간에는 우리나라의 **왕실**에 대해 배웠다
169	王子[왕자] : 임금의 아들	
170	外家[외가] : 어머니의 부모, 형제 등이 살고 있는 집	
171	外國[외국] : 자기 나라가 아닌 다른 나라	
172	外國語[외국어] : 다른 나라의 말	
173	外面[외면] : ① 물건의 겉면 ② 상대한 사람과 마주 대하기를 꺼리어 얼굴을 다른 쪽으로 돌려 버림	그녀는 나를 보고도 못 본 척 **외면**하고 지나갔다
174	外食[외식] : 밖에서 음식을 사 먹음	
175	外出[외출] : 집이나 회사 등에서 잠시 밖으로 나감	
176	有名[유명] : 이름이 널리 알려져 있음	**유명**한 화가가 그린 그림
177	六月[유월] : 한 해 열두 달 가운데 여섯째 달	
178	六日[육일] : 그달의 여섯째 날	
179	人間[인간] : 사람	
180	人工[인공] : 사람이 만들어 내거나 꾸며 낸 것	**인공** 호수

학습 문제

1. 설명에 맞는 단어를 선으로 이어 보세요.

그달의 여섯째 날	人工(인공)
임금의 집안	王國(왕국)
이름이 널리 알려져 있음	王室(왕실)
임금이 다스리는 나라	六日(육일)
사람이 만들어 내거나 꾸며 낸 것	有名(유명)

2. 그림에 맞는 단어를 선으로 이어 보세요.

王子(왕자)

年老(연로)

外國語(외국어)

단어 왕(王) 게임

셀로판지를 이용해 문제를 풀어 보세요.

1. 자기 나라가 아닌 다른 나라

모국(母國)　　　　　외국(外國)

2. 힘이나 기량이 모자람

力不足　　　　　力夫祖

3. 밖에서 음식을 사 먹음

外面　　　　　外食

4. 어머니의 부모, 형제 등이 살고 있는 집

外家　　　　　外出

5. 낮 12시부터 밤 12시까지의 동안

午前　　　　　午後

초등 필수 어휘 — 10일 차

번호	단어와 뜻	예문
181	人氣[인기] : 많은 사람들의 관심을 받는 일	그 가수는 **인기**가 많다
182	人道[인도] : 사람이 다니는 길	**인도**와 차도
183	人名[인명] : 사람의 이름	이 사전에 수록된 **인명**에는 그의 이름이 없다
184	人命[인명] : 사람의 목숨	**인명** 구조대
185	人物[인물] : 사람의 생김새나 됨됨이	
186	人事[인사] : ① 사람들 사이에 지켜야 할 예의 ② 만나거나 헤어질 때 하는 말이나 행동	늦었지만 지금이라도 선생님께 **인사**를 하러 가야겠다 우리는 친구들과 반갑게 아침 **인사**를 나누었다
187	人生[인생] : 사람이 세상을 살아가는 일	행복한 **인생**
188	人心[인심] : 사람의 마음	
189	日記[일기] : 날마다 자신이 겪은 일, 생각, 느낌 등을 사실대로 적는 것	매일 잠자기 전에 **일기**를 씁니다
190	一生[일생] : 세상에 태어나서 죽을 때까지의 동안	**일생** 잊을 수 없는 일 선생님은 **일생**을 우리나라의 역사를 연구하셨다
191	日時[일시] : 날짜와 시간	
192	日出[일출] : 해가 뜸	동해의 **일출** 광경 오늘 **일출**은 6시 06분이고, 일몰은 18시 12분입니다
193	入口[입구] : 들어가는 통로.(들어오는 곳)	극장 **입구**
194	入國[입국] : 나라 안으로 들어감	외국인의 **입국**을 허락하다
195	入金[입금] : (은행 등에) 돈을 들여놓거나 넣어 줌. 또는 그 돈	은행에 용돈을 **입금**하였다
196	立冬[입동] : 일 년 중 겨울이 시작된다는 날	**입동**이 지나고 추운 겨울이 되었다
197	入水[입수] : 물에 들어감	

번호	단어와 뜻	예문
198	**入手**[입수] : 손에 들어옴	경찰은 중요한 정보를 **입수**하였다
199	**入場**[입장] : 장내(場內)로 들어가는 것	**입장** 요금
200	**立場**[입장] : 당면[1]하고 있는 상황	친구들이 싸워서 내 **입장**이 곤란해졌다

---

1 당면 : 어떤 일에 바로 맞닥뜨림

학습 문제

1. 설명에 맞는 단어를 선으로 이어 보세요.

사람의 생김새나 됨됨이 •	• 인물(人物)
손에 들어옴 •	• 인심(人心)
사람의 마음 •	• 立場(입장)
어떤 일에 맞닥뜨리고 있는 상황 •	• 入手(입수)
1년 중 겨울이 시작된 다는 날 •	• 立冬(입동)

2. 그림에 맞는 단어를 선으로 이어 보세요.

   •   • 일출(日出)

   •   • 입수(入水)

   •   • 일기(日記)

단어 왕(王) 게임

셀로판지를 이용해 문제를 풀어 보세요.

1. 들어가는 통로

입구(入口)　　　　　입장(入場)

2. 사람이 다니는 길

인도(人道)　　　　　인사(人事)

3. 날짜와 시간

入金　　　　　日時

4. 사람의 목숨

人命　　　　　人名

5. 많은 사람들의 관심을 받는 일

일생(一生)　　　　　인기(人氣)

초등 필수 어휘 — 11일 차

번호	단어와 뜻	예문
201	入住[입주] : 새로 마련한 집에 들어가 삶	아파트 **입주** 아직 **입주** 전이라 내부는 텅텅 비어 있었다
202	立秋[입추] : 일 년 중 가을이 시작된다는 날	**입추**가 지나니 저녁에는 제법 선선하다
203	立春[입춘] : 일 년 중 봄이 시작된다는 날	**입춘**이 지났는데 왜 이렇게 춥대?
204	立夏[입하] : 일 년 중 여름이 시작된다는 날	**입하**도 지나고 이제 초여름으로 들어선 것 같다
205	入學[입학] : 학생이 되어 공부하기 위해 학교에 들어감	
206	自國[자국] : 자기 나라	세계 각국은 **자국**의 이익을 가장 중요시한다
207	自動[자동] : 스스로 움직임	**자동**문
208	自動車[자동차] : 동력[1]으로 바퀴를 굴려 땅 위를 움직이도록 만든 차	
209	子女[자녀] : 아들과 딸	**자녀**를 기르다
210	自力[자력] : 자기 혼자의 힘	그녀는 **자력**으로 대학을 졸업했다
211	自立[자립] : 남에게 의지하지 않고 스스로의 힘으로 섬	부모님의 도움 없이 **자립**하다 우리 문제는 우리 스스로가 **자립**적으로 해결한다
212	自生[자생] : 자기 자신의 힘으로 살아감	혼자 살아갈 수 있도록 **자생**의 힘을 길러 주다
213	自然[자연] : 사람의 힘을 더하지 않은 저절로 된 그대로의 현상	
214	子正[자정] : 밤 열두 시	
215	自足[자족] : 스스로 넉넉함을 느낌	그는 자신의 삶에 **자족**하고 있다 영호는 이번 시합에서 졌지만 최선을 다했다고 **자족**하였다

---

[1] 동력(動力) : 기계적인 에너지

번호	단어와 뜻	예문
216	**自主**[자주] : 남의 보호나 간섭을 받지 않고 자기 일을 스스로 처리함	3·1 운동의 **자주**정신 그는 민족의 **자주**를 강조하였다
217	**長男**[장남] : 집에서 가장 큰아들	그는 **장남**으로서의 책임감을 느끼고 있다
218	**長女**[장녀] : 맨 먼저 낳은 딸	그녀는 **장녀**여서 그런지 어른스럽다
219	**場面**[장면] : 어떤 장소에서 벌어지는 광경	
220	**長文**[장문] : 길게 쓴 글	**장문**의 편지

학습 문제

1. 그림에 맞는 단어를 선으로 이어 보세요.

   •   • 입학(入學)

   •   • 자주(自主)

   •   • 自然(자연)

•   • 自動車(자동차)

2. 보드판에 숨어 있는 단어를 가로, 세로, 대각선에서 찾아 묶어 보세요.

숨은 단어 : 자녀, 장녀, 장문, 장남, 자국

子	長	夏
女	文	男
住	自	國

단어 왕(王) 게임

셀로판지를 이용해 문제를 풀어 보세요.

1. 스스로 넉넉함을 느낌

字足　　　　　　　自足

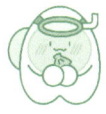

2. 일 년 중 봄이 시작된다는 날

立春　　　　　　　立秋

3. 자기 혼자의 힘

自力(자력)　　　　　子正(자정)

4. 새로 마련한 집에 들어가 삶

立夏(입하)　　　　　入住(입주)

5. 남에게 의지하지 않고 스스로의 힘으로 섬

自動(자동)　　　　　自立(자립)

초등 필수 어휘 12일 차

번호	단어와 뜻	예문
221	場所[장소] : 어떤 일이 이루어지거나 일어나는 곳	약속 **장소**
222	全校[전교] : 한 학교의 전체	
223	全國[전국] : 온 나라 전체	
224	電氣[전기] : 전자의 이동으로 생기는 에너지의 형태	**전기**로 가는 자동차
225	電動[전동] : 전기의 힘으로 움직임	**전동** 기관차
226	全力[전력] : 모든 힘	**전력**으로 달리다, **전력**을 기울이다
227	前面[전면] : 앞면, 앞쪽	
228	前方[전방] : 앞쪽	
229	電話[전화] : 전화기를 이용하여 말을 주고받음	
230	弟子[제자] : 스승[1]으로부터 가르침을 받는 사람	그들은 스승과 **제자** 사이다
231	正答[정답] : 옳은 답	
232	正面[정면] : 똑바로 마주 보이는 면	
233	正門[정문] : 건물의 정면에 있어 주로 드나드는 문	
234	正午[정오] : 낮 열두 시	
235	正直[정직] : 마음에 거짓이나 꾸밈이 없이 바르고 곧음	
236	祖國[조국] : 조상 때부터 대대로 살던 나라	나의 **조국** 군인들은 목숨을 다해 **조국**을 지켰다
237	祖母[조모] : 할머니	
238	祖父[조부] : 할아버지	
239	祖上[조상] : 이미 돌아가신, 부모님 위로 대대의 어른	**조상**을 섬기다 **조상**들의 지혜를 본받다
240	左右[좌우] : 왼쪽과 오른쪽	**좌우**를 살피며 찻길을 건넜다

---

1   스승 : 자기를 가르쳐 이끌어 주는 사람

학습 문제

1. 설명에 맞는 단어를 선으로 이어 보세요.

낮 열두 시 • • 제자(弟子)

밤 열두 시 • • 정오(正午)

할머니 • • 자정(子正)

할아버지 • • 祖母(조모)

스승으로부터 가르침을
받는 사람 • • 祖父(조부)

2. 그림에 맞는 단어를 선으로 이어 보세요.

 • • 祖國(조국)

 • • 좌우(左右)

 • • 正答(정답)

단어 왕(王) 게임

셀로판지를 이용해 문제를 풀어 보세요.

1. 한 학교의 전체

全校(전교)　　　　　全國(전국)

정답! (다음 문제로)　　땡! (10점)

2. 똑바로 마주 보이는 면

장소(場所)　　　　　정면(正面)

땡! (20점)　　　　　정답! (다음 문제로)

3. 마음이 바르고 곧으며 거짓이 없음

正門(정문)　　　　　正直(정직)

땡! (30점)　　　　　정답! (다음 문제로)

4. 전기의 힘으로 움직임

前方(전방)　　　　　電動(전동)

땡! (40점)　　　　　정답! (다음 문제로)

5. 전화기를 이용하여 말을 주고받음

電話　　　　　　　　全力

정답! (100점)　　　　땡! (50점)

초등 필수 어휘 13일 차

번호	단어와 뜻	예문
241	左右間[좌우간] : 이렇든 저렇든 간에	그렇게 걱정하시지 말고 **좌우간** 기다려 봅시다
242	住民[주민] : 일정한 지역에 살고 있는 사람	아파트 **주민** 우리 지역 **주민**을 위한 봉사 활동
243	住所[주소] : 사람이 살고 있는 곳	
244	主人[주인] : 물건 등을 소유[1]한 사람	
245	中間[중간] : 두 사물의 사이	
246	重力[중력] : 지구 위의 물체를 지구 중심 방향으로 끌어당기는 힘	우주에는 **중력**이 없다
247	中心[중심] : 사물이나 장소의 가장 가운데	
248	中學校[중학교] : 초등학교를 졸업하고 가는 학교	
249	紙面[지면] : ① 종이의 겉면 ② 글이 실린 종이의 면	이 종이는 **지면**이 매끄럽다 신문 기사를 **지면**에 싣다
250	地名[지명] : 마을이나 지역 등의 이름	부산은 옛날에 동래라는 **지명**으로 불렸다
251	地方[지방] : ① 어느 한 방면의 땅 ② 서울 이외의 지역	낯선 **지방**으로 여행하다 **지방** 도시
252	地上[지상] : 땅의 위	**지상**에 사는 동물
253	地下[지하] : 땅의 속	**지하** 동굴
254	地下道[지하도] : 땅속으로 만든 길	**지하도**로 길을 건너다
255	直立[직립] : 꼿꼿하게 바로 섬	사람이 동물과 다른 점은 **직립**한다는 것이다
256	直面[직면] : 어떤 일이나 사물을 직접 당하거나 접함	위험에 **직면**하다 **직면**한 문제를 현명하게 해결하였다
257	直前[직전] : 어떤 일이 일어나기 바로 전	시험 시간이 끝나기 **직전**에 문제를 다 풀었다

---

1 소유(所有) : 자기 것으로 가짐

번호	단어와 뜻	예문
258	**直後**[직후] : 어떤 일이 있고 난 바로 다음	그 일이 생긴 **직후** 오빠는 대학 졸업 **직후**에 바로 미국으로 유학을 떠났다
259	**車道**[차도] : 찻길	**차도**를 함부로 건너서는 안 된다
260	**車便**[차편] : 차가 사람이나 물건을 싣고 오가는 편	친구에게 우리 집까지 오는 **차편**을 알려 주었다 무거운 짐은 내일 **차편**으로 부칠게요

단어 왕(王) 게임

셀로판지를 이용해 문제를 풀어 보세요.

1. 땅속으로 만든 길

地上道(지상도)	地夏道(지하도)	地下道(지하도)
땡! (10점)	땡! (10점)	정답! (다음 문제로)

2. 이렇든 저렇든 간에

自右間(자우간)	左右間(좌우간)	左午間(좌오간)
땡! (20점)	정답! (다음 문제로)	땡! (20점)

3. 찻길

車道	人道	車便
정답! (다음 문제로)	땡! (30점)	땡! (30점)

4. 사람이 살고 있는 곳

主所(주소)	住所(주소)	住民(주민)
땡! (40점)	정답! (다음 문제로)	땡! (40점)

5. 꼿꼿하게 바로 섬

直面	直立	立冬
땡! (50점)	정답! (100점)	땡! (50점)

단어 왕(王) 게임

셀로판지를 이용해 문제를 풀어 보세요.

1. 마을이나 지역의 이름

지명(地名)   지명(紙名)   지방(地方)

정답! (다음 문제로)   땡! (10점)   땡! (10점)

2. 사물이나 장소의 가장 가운데

중심(中心)   중심(重心)   중선(中先)

정답! (다음 문제로)   땡! (20점)   땡! (20점)

3. 어떤 일이 일어나기 바로 전

직후(直後)   직전(直全)   직전(直前)

땡! (30점)   땡! (30점)   정답! (다음 문제로)

4. 글이 실린 종이의 면

紙面(지면)   地面(지면)   中間(중간)

정답! (다음 문제로)   땡! (40점)   땡! (40점)

5. 물체를 지구 중심으로 끌어당기는 힘

中力(중력)   地力(지력)   重力(중력)

땡! (50점)   땡! (50점)   정답! (100점)

초등 필수 어휘

번호	단어와 뜻	예문
261	天上[천상] : 하늘 위	그녀는 마치 **천상**에서 내려온 선녀처럼 아름다웠다
262	天然[천연] : 사람의 힘을 가하지 않고 저절로 이루어진 자연 그대로의 상태	**천연** 샘물
263	天地[천지] : 하늘과 땅	눈이 온 **천지**를 뒤덮었다
264	天地間[천지간] : 하늘과 땅 사이	나는 **천지간**에 하나밖에 없는 동생을 너무 사랑한다
265	天下[천하] : 하늘 아래 온 세상	**천하**를 다스렸다
266	靑年[청년] : 20대에서 30대 초반의 젊은 남자	갓 스물이 된 **청년** 그 **청년**은 컴퓨터 박사다
267	草家[초가] : 짚이나 갈대 등으로 지붕을 만든 집	
268	草木[초목] : 풀과 나무	아침 들녘에는 이슬 맞은 **초목**의 싱그러움이 넘친다
269	寸數[촌수] : 친척 사이의 멀고 가까운 정도를 나타내는 수	**촌수**를 따져 보니 그와 나는 오촌이었다
270	村長[촌장] : 한 마을의 우두머리(가장 윗사람)	그 마을에 도착하니 **촌장**이 우리를 반갑게 맞아 주었다
271	秋夕[추석] : 우리나라 명절의 하나(음력 8월 15일)	
272	春秋[춘추] : ① 봄과 가을 ② 어른의 나이를 높여 이르는 말	우리 집은 매년 **춘추**로 도시락을 싸서 등산을 간다 나는 그녀의 아버님께 **춘추**가 어떻게 되시는지 여쭈어보았다
273	出口[출구] : 밖으로 나갈 수 있는 통로(나가는 곳)	극장 **출구**
274	出國[출국] : 나라 밖으로 나감	**출국**하기 전에 할아버지를 찾아뵈었다
275	出動[출동] : 일정한 목적을 위하여 출발하는 것	긴급 **출동** 경찰은 주민의 신고를 받고 **출동**하였다
276	出生[출생] : 사람이 세상에 태어남	그녀는 외가가 있는 시골에서 **출생**했다

번호	단어와 뜻	예문
277	**出市**[출시] : 상품이 시장에 나옴	신상품 **출시**
278	**出入**[출입] : 어느 곳을 드나듦	**출입** 금지
279	**土木**[토목] : 흙과 나무	우리나라의 전통 가옥은 **토목**으로 지어진 것이 대부분이다
280	**便安**[편안] : 몸이나 마음이 걱정 없이 편하고 좋음	

학습 문제

1. 설명에 맞는 단어를 선으로 이어 보세요.

풀과 나무　　　　　•　　　　　　　　•　출국(出國)

하늘과 땅　　　　　•　　　　　　　　•　초목(草木)

나라 밖으로 나감　　•　　　　　　　　•　편안(便安)

사람이 세상에 태어남　•　　　　　　　•　天地(천지)

몸과 마음이
걱정이 없어 좋음　　•　　　　　　　　•　出生(출생)

2. 그림에 맞는 단어를 선으로 이어 보세요.

　　　•　　　　　　　　•　秋夕(추석)

　　　•　　　　　　　　•　出動(출동)

　　　•　　　　　　　　•　草家(초가)

단어 왕(王) 게임

셀로판지를 이용해 문제를 풀어 보세요.

1. 흙과 나무

土地(토지) 土木(토목) 木手(목수)
땡! (10점) 정답! (다음 문제로) 땡! (10점)

2. 하늘 위

天上(천상) 天然(천연) 天下(천하)
정답! (다음 문제로) 땡! (20점) 땡! (20점)

3. 어른의 나이를 높여 이르는 말

촌수(寸數) 하동(夏冬) 춘추(春秋)
땡! (30점) 땡! (30점) 정답! (다음 문제로)

4. 상품이 시장에 나옴

출시(出市) 출입(出入) 출시(出時)
정답! (다음 문제로) 땡! (40점) 땡! (40점)

5. 하늘과 땅 사이

川地間(천지간) 靑年(청년) 天地間(천지간)
땡! (50점) 땡! (50점) 정답! (100점)

초등 필수 어휘 — 15일 차

번호	단어와 뜻	예문
281	便紙[편지] : 안부[1], 소식 등을 적어 보내는 글	
282	平面[평면] : 평평한 표면	
283	平生[평생] : 세상에 태어나서 죽을 때까지의 동안	**평생**을 두고 잊지 못할 일 내 **평생**소원은 세계 일주이다
284	平日[평일] : 특별한 일이 없는 보통 때	이 가게는 **평일**보다 주말에 손님이 많다
285	平地[평지] : 바닥이 고르고 펀펀한 땅	가파른 산 위를 올라가니 탁 트인 **평지**가 눈앞에 펼쳐졌다
286	下校[하교] : 공부를 끝내고 학교에서 집으로 돌아옴	어머니는 **하교** 시간에 맞추어 교문 앞에서 기다리고 계셨다
287	下山[하산] : 산에서 내려감	**하산**을 너무 늦게 하는 바람에 어두워져서 길을 잃었다
288	下車[하차] : 타고 있던 차에서 내림	열차 운행 중에 **하차**를 하면 위험합니다
289	學年[학년] : 일 년간의 학교 학습 과정	
290	學父母[학부모] : 학생의 아버지나 어머니	
291	學生[학생] : 학교에 다니면서 공부하는 사람	
292	韓國[한국] : 대한민국의 줄임말	
293	漢文[한문] : 한자로 쓰인 글	**한문** 소설
294	韓食[한식] : 우리나라 고유의 음식	김치와 불고기는 외국인이 좋아하는 **한식**이다
295	漢字[한자] : 중국에서 만들어져 오늘날에도 쓰고 있는 문자	
296	韓紙[한지] : 우리나라 고유의 방법으로 만든 종이	**한지** 위에 붓글씨 연습을 한다 전통 **한지**를 이용하여 연을 만들면 하늘에 잘 뜬다
297	海女[해녀] : 바닷속에 들어가 해산물을 따는 것을 직업으로 하는 여자	**해녀**가 물속에서 전복을 따고 있다

---

[1] 안부 : 어떤 사람이 편안하게 잘 지내고 있는지 그렇지 않은지에 대한 소식

번호	단어와 뜻	예문
298	**海物**[해물] : 바다에서 나는 동식물	**해물**로 요리를 만들다
299	**海上**[해상] : 바다의 위	**해상** 국립 공원
300	**海水面**[해수면] : 바닷물의 표면	빙하가 녹아 **해수면**이 점점 높아지고 있다

학습 문제

1. 그림과 가장 어울리는 단어를 선으로 이어 보세요.

 •   • 해물(海物)

 •   • 한자(漢字)

 •   • 편지(便紙)

 •   • 학생(學生)

 •   • 해수면(海水面)

 •   • 한식(韓食)

 •   • 하차(下車)

 •   • 평지(平地)

단어 왕(王) 게임

셀로판지를 이용해 문제를 풀어 보세요.

1. 산에서 내려감

下手(하수)　　　　　登山(등산)　　　　　下山(하산)

땡! (10점)　　　　　땡! (10점)　　　　정답! (다음 문제로)

2. 학교 수업을 마치고 집으로 돌아옴

하교(下敎)　　　　　하교(下校)　　　　　하교(夏校)

땡! (20점)　　　정답! (다음 문제로)　　　땡! (20점)

3. 한국 고유의 방법으로 만든 종이

韓紙(한지)　　　　　韓地(한지)　　　　　漢文(한문)

정답! (다음 문제로)　　　땡! (30점)　　　　땡! (30점)

4. 특별한 일 없는 보통 때

平生(평생)　　　　　平日(평일)　　　　　平面(평면)

땡! (40점)　　　정답! (다음 문제로)　　　땡! (40점)

5. 바닷속에서 해산물 따는 것이 직업인 여자

海上　　　　　　　海男　　　　　　　海女

땡! (50점)　　　　　땡! (50점)　　　　정답! (100점)

초등 필수 어휘 — 16일 차

번호	단어와 뜻	예문
301	海外[해외] : 바다 밖이라는 뜻으로, 다른 나라를 이르는 말	**해외**여행
302	海草[해초] : 바다에서 나는 식물	바닷속 동굴 안은 온통 **해초**로 덮여 있었다
303	兄弟[형제] : 형과 아우	
304	火力[화력] : 불이 탈 때에 내는 열의 힘	**화력**이 세다 **화력** 발전소
305	火山[화산] : 땅속의 마그마 등이 뿜어져 나와서 만들어진 산	
306	花草[화초] : 꽃이 피는 풀과 나무	**화초**가 가득한 뜰
307	活氣[활기] : 활발한 기운	**활기**가 넘치다
308	活動[활동] : 몸을 움직여 행동함	다리를 다쳐서 **활동**이 어렵다
309	活力[활력] : 살아 움직이는 힘	**활력**이 넘치다 좋은 음악은 우리 생활에 **활력**을 준다
310	孝道[효도] : 부모님을 정성껏 잘 섬기는[1] 일	
311	孝女[효녀] : 부모를 잘 섬기는(잘 받들어 모시는) 딸	
312	孝心[효심] : 부모님을 섬기고 공경[2]하는 마음	
313	孝子[효자] : 부모를 잘 섬기는(잘 받들어 모시는) 아들	
314	後面[후면] : 뒤쪽의 면	
315	後門[후문] : 뒷문	
316	後方[후방] : 뒤쪽	
317	休校[휴교] : 학교가 수업을 하지 않고 일정 기간 동안 쉼	갑작스러운 눈사태로 학교는 **휴교**에 들어갔다
318	休日[휴일] : 일을 하지 않고 쉬거나 노는 날	그는 **휴일** 아침마다 늦잠을 잔다
319	休紙[휴지] : 쓸모없는 종이	
320	休學[휴학] : 질병이나 여러 사정으로 일정 기간 동안 학교를 쉬는 일	삼촌은 군대를 가기 위해 **휴학**을 하였다

---

1 섬기다 : 잘 받들어 모시다
2 공경 : 공손히 받들어 모심

학습 문제

1. 서로 관련 있는 것을 이어 보세요.

後門(후문) •   • 활발한 기운

活氣(활기) •   • 몸을 움직여 행동함

活動(활동) •   • 뒤쪽의 면

孝道(효도) •   • 뒷문

後面(후면) •   • 부모님을 정성껏 잘 섬기는 일

2. 보드판에 숨어 있는 단어를 가로, 세로, 대각선에서 찾아 묶어 보세요.

숨은 단어 : 휴학, 학년, 휴일, 해외, 외식

孝	休	學
日	海	年
紙	外	食

단어 왕(王) 게임

셀로판지를 이용해 문제를 풀어 보세요.

1. 살아 움직이는 힘

活力　　　　　　　火力　　　　　　　活九

정답! (다음 문제로)　　땡! (10점)　　땡! (10점)

2. 바다에서 나는 식물

형제(兄弟)　　　　화초(花草)　　　　해초(海草)

땡! (20점)　　　　땡! (20점)　　　　정답! (다음 문제로)

3. 쓸모없는 종이

休地(휴지)　　　　休校(휴교)　　　　休紙(휴지)

땡! (30점)　　　　땡! (30점)　　　　정답! (다음 문제로)

4. 부모님을 섬기고 공경하는 마음

孝女　　　　　　　孝心　　　　　　　孝子

땡! (40점)　　정답! (다음 문제로)　　땡! (40점)

5. 땅속의 마그마가 뿜어져 나와서 만들어진 산

山村　　　　　　　火山　　　　　　　後方

땡! (50점)　　　정답! (100점)　　　　땡! (50점)

창의력과 사고력을 키우는 한자 추론 문제

8급 한자　　　　　　　　　　　　출처 : ㈜대한민국 한자검정시험

다음 글을 읽고 내용에 맞는 한자를 생각하여 〈보기〉에서 찾아 번호를 쓰세요.

〈보기〉
① 南　② 金　③ 王　④ 萬　⑤ 室
⑥ 學　⑦ 七　⑧ 兄　⑨ 木　⑩ 十

1. 이 열쇠는 황금으로 만들었어요.

2. 아래 그림과 관련 있는 한자는 무엇일까요?

3. 수만 명의 많은 사람들이 모였어요.

4. ☆에 들어갈 한자는 무엇일까요?
　선생님 : 敎
　나(학생) : ☆

5. '儿, 口'로 만들 수 있는 한자는 무엇일까요?

6. 두 개의 한자 조각을 합하면 어떤 한자가 될까요?

7. '벽, 큰방, 거실, 화장실'과 가장 관련 있는 한자는 무엇일까요?

8. '二' 더하기 '八'은 '12' 빼기 '2'와 같아요. 정답은 무엇일까요?

9. 옛날 조선 시대에는 세종, 성종 대왕 등 훌륭한 왕들이 있었어요.

10. 가을이 왔대요. 나무는 초록색 옷을 벗고 빨강, 노랑 예쁜 단풍 옷으로 갈아입어요. 와, 멋쟁이가 되었네요.

창의력과 사고력을 키우는 한자 추론 문제

8급 한자　　　　　　　　　　　　출처 : ㈜대한민국 한자검정시험

다음 글을 읽고 내용에 맞는 한자를 생각하여 〈보기〉에서 찾아 번호를 쓰세요.

〈보기〉

① 韓　② 西　③ 三　④ 長　⑤ 先
⑥ 水　⑦ 七　⑧ 月　⑨ 小　⑩ 校

1. 예쁜 한복을 입고 있는 한국인이 있어요.

2. 아래 그림과 관련된 한자는 무엇일까요?

3. (1+1)+(1+1+1)은 2+☆과 같아요.
☆에 들어갈 숫자는 무엇일까요?

4. '강, 바다, 물놀이, 세수'와 관련 있는 한자는 무엇일까요?

5. 바람이 서쪽에서 불어옵니다.

6. '일곱 명의 착한 형제들'에서 "일곱"을 뜻하는 한자는 무엇일까요?

7. 앞서 달리던 선수가 가장 먼저 결승선에 도착했어요.

8. '冂, ='로 만들 수 있는 한자는 무엇일까요?

9. 우리 학교는 넓은 운동장이 있어요.

10. ☆에 들어갈 한자는 무엇일까요?
코끼리는 사슴보다 크다. 사슴은 개미보다 크다. 그렇다면 개미는 코끼리보다 ☆.

창의력과 사고력을 키우는 한자 추론 문제 ③

8급 한자　　　　　　　　　　출처 : ㈜대한민국 한자검정시험

다음 글을 읽고 내용에 맞는 한자를 생각하여 〈보기〉에서 찾아 번호를 쓰세요.

〈보기〉
① 木　② 王　③ 水　④ 四　⑤ 國
⑥ 校　⑦ 月　⑧ 母　⑨ 九　⑩ 兄

1. 나뭇잎을 흔들며 나무가 춤을 춰요.

2. 아래 그림과 관련된 한자는 무엇일까요?

3. 한자 '土' 위에 'ㅡ' 자를 붙여 올리면 어떤 한자가 될까요?

4. 수업 시작을 알리는 종이 울리면 우리는 복도에서 교실로 들어가지요.

5. '한국, 중국, 미국'은 나라 이름입니다.

6. ☆에 들어갈 숫자는 무엇일까요?
　六 → 八 → 十 → 12 → 14
　五 → 七 → ☆ → 11 → 13

7. 엄마 품에 안겨 새근새근 잠든 아기.

8. 조용한 밤하늘이 심심할까 봐 나는 이렇게 모양을 바꾸며 어둠 속 재미있는 친구가 된답니다.

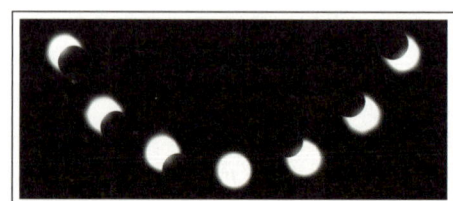

9. 언제나 나를 챙기는 고마운 우리 형!

10. 자동차 2대 바퀴 수 : 8개
　자동차 3대 바퀴 수 : 12개
　그렇다면 자동차 1대 바퀴 수는 몇 개일까요?

창의력과 사고력을 키우는 한자 추론 문제

8급 한자　　　　　　　　　　　　출처 : ㈜대한민국 한자검정시험

다음 글을 읽고 내용에 맞는 한자를 생각하여 〈보기〉에서 찾아 번호를 쓰세요.

〈보기〉
① 韓　② 學　③ 三　④ 火　⑤ 土
⑥ 西　⑦ 七　⑧ 女　⑨ 金　⑩ 十

1. 아래 그림과 관련된 한자는 무엇일까요?

2. 음악 시간에 노래를 배웠어요.

3. ☆에 들어갈 숫자는 무엇일까요?
   2022년 → 202☆년 → 2024년

4. 촛불을 켜면 어둠이 멀리 도망가요.

5. 이 숫자는 '六'과 '八' 사이에 있고 '二' 더하기 '五'와 같은 숫자랍니다.

6. 찰흙으로 흙 자동차를 만들어요.

7. 쇠로 된 상자 안에 황금이 있었어요.

8. '兀, 口'로 만들 수 있는 한자는 무엇일까요?

9. 나는 오빠 2명과 언니 2명이 있어요.
   나는 남자일까요? 여자일까요?

10. 접시에 맛있는 귤이 있었어요. 동생은 4개, 나는 5개를 먹었더니 접시에 귤 1개만 남았어요. 처음 접시에는 모두 몇 개의 귤이 있었을까요?

창의력과 사고력을 키우는 한자 추론 문제

8급 한자 출처 : ㈜대한민국 한자검정시험

다음 글을 읽고 내용에 맞는 한자를 생각하여 〈보기〉에서 찾아 번호를 쓰세요.

〈보기〉
① 水 ② 弟 ③ 王 ④ 木 ⑤ 五
⑥ 月 ⑦ 南 ⑧ 東 ⑨ 門 ⑩ 十

1. 아래 그림과 관련된 한자는 무엇일까요?

2. '졸졸, 주룩주룩, 보글보글' 나는 다양한 소리를 가졌어요.

3. 방긋방긋 웃는 귀여운 내 동생!

4. ☆에 들어갈 한자는 무엇일까요?
   산에 가면 키가 큰 ☆가 많아요.
   종이는 ☆로 만들어요.

5. 둥근 보름달을 보며 소원을 빌어요.

6. 찬바람이 쌩쌩. 새들이 서둘러 따뜻한 남쪽으로 떠나지요.

7. 이 숫자는 '八' 더하기 '二'이고, '九' 더하기 '一'과 같은 숫자랍니다.

8. 해님은 아침마다 동쪽 하늘을 빨갛게 색칠해요.

9. '창문, 대문, 교문'과 관련된 한자는 무엇일까요?

10. 쟁반에 빵이 있었어요. 3개를 먹고 나중에 2개를 더 먹었더니 쟁반의 빵이 모두 없어졌어요. 처음 쟁반에는 모두 몇 개의 빵이 있었을까요?

창의력과 사고력을 키우는 한자 추론 문제

8급 한자　　　　　　　　　　　　　출처 : ㈜대한민국 한자검정시험

다음 글을 읽고 내용에 맞는 한자를 생각하여 〈보기〉에서 찾아 번호를 쓰세요.

〈보기〉
① 金　② 門　③ 火　④ 土　⑤ 國
⑥ 六　⑦ 水　⑧ 校　⑨ 九　⑩ 年

1. 보물 상자는 금으로 가득했어요.

2. 아래 그림과 관련된 한자는 무엇일까요?

3. 몰래 집에 들어오려 한 바람이 삐걱삐걱~ 그만 대문에 들켜 버렸어요.

4. 일본, 중국은 한국의 이웃 나라예요.

5. 맛있는 자두가 8개 있어요. 2개를 먹으면 몇 개가 남을까요?

6. '十, 一'로 만들 수 있는 한자는 무엇일까요?

7. "첨벙첨벙" 즐겁게 물놀이를 해요.

8. '八'보다 크고 '十'보다 작은 숫자는 무엇일까요?

9. '교장 선생님, 교실, 친구'와 관련된 한자는 무엇일까요?

10. 올해는 2024년이고 내년은 2025년이랍니다.

창의력과 사고력을 키우는 한자 추론 문제

8급 한자 출처 : ㈜대한민국 한자검정시험

다음 글을 읽고 내용에 맞는 한자를 생각하여 〈보기〉에서 찾아 번호를 쓰세요.

〈보기〉
① 生   ② 山   ③ 敎   ④ 火   ⑤ 五
⑥ 中   ⑦ 女   ⑧ 王   ⑨ 九   ⑩ 東

1. 아래 그림과 관련된 한자는 무엇일까요?

2. 그는 군인들을 가르치는 교관이에요.

3. 사과 10개에서 1개를 먹으면 몇 개가 남을까요?

4. 오늘은 내가 태어난 생일이에요.

5. 언니는 여자 친구들이 많아요.

6. '四'보다 크고 '六'보다 작은 숫자는 무엇일까요?

7. "삐뽀삐뽀" 소방차가 급히 출동해요.

8. 'ㅁ, ㅣ'로 만들 수 있는 한자는 무엇일까요?

9. 멋진 왕관을 쓴 임금님.

10. ☆에 들어갈 한자는 무엇일까요?

창의력과 사고력을 키우는 한자 추론 문제

8급 한자 출처 : ㈜대한민국 한자검정시험

다음 글을 읽고 내용에 맞는 한자를 생각하여 〈보기〉에서 찾아 번호를 쓰세요.

〈보기〉
① 教   ② 軍   ③ 木   ④ 西   ⑤ 五
⑥ 門   ⑦ 民   ⑧ 八   ⑨ 北   ⑩ 寸

1. 아래 그림과 관련된 한자는?

2. ☆에 들어갈 한자는 무엇일까요?
   선생님 : ☆   학생 : 學

3. 그는 나라를 지키는 군인이에요.

4. '二' 더하기 '三'은 '十' 빼기 '五'와 같아요. 정답은 무엇일까요?

5. ☆에 들어갈 한자는 무엇일까요?
   둥근 아침 해님이 동쪽에서 떠서 ☆쪽으로 져요.

6. 옛날에는 국민을 백성이라고 했어요.

7. '현관문, 방문, 창문, 대문'에서 서로 같은 점은 무엇일까요?

8. 북극은 아주 추운 곳이랍니다.

9. 'ㅡ, ㅣ, ㆍ'로 만들 수 있는 한자는 무엇일까요?

10. 나는 동생보다 '세 살'이 많아요. 동생이 5살이면 나는 몇 살일까요?

창의력과 사고력을 키우는 한자 추론 문제

8급 한자　　　　　　　　　　　　　출처 : ㈜대한민국 한자검정시험

다음 글을 읽고 내용에 맞는 한자를 생각하여 〈보기〉에서 찾아 번호를 쓰세요.

〈보기〉
① 室　② 國　③ 七　④ 靑　⑤ 日
⑥ 萬　⑦ 月　⑧ 土　⑨ 四　⑩ 生

1. 하하 호호, 우리 집은 웃음이 넘쳐요.

2. 세상을 밝게 비추는 고마운 해님!

3. 파란색 크레파스로 바다를 그려요.

4. '五' 더하기 '二'는 '十' 빼기 '三'과 같아요. 정답은 무엇일까요?

5. '고구려, 백제, 신라' 세 나라를 "삼국"이라고 해요.

6. 9,999 더하기 1은 五천 더하기 五천과 같아요. 정답은 무엇일까요?

7. 눈썹 같은 초승달이 어느새 둥근 보름달이 되었어요.

8. '시골길, 지렁이, 땅'과 관련된 한자는 무엇일까요?

9. 어미 소가 송아지를 낳았어요.

10. 나는 형보다 두 살이 적고 동생보다 두 살이 많아요. 형이 6학년, 동생이 2학년이면 나는 몇 학년일까요?

창의력과 사고력을 키우는 한자 추론 문제 10

8급 한자　　　　　　　　　　　　　　　출처 : ㈜대한민국 한자검정시험

다음 글을 읽고 내용에 맞는 한자를 생각하여 〈보기〉에서 찾아 번호를 쓰세요.

〈보기〉
① 木　② 女　③ 寸　④ 軍　⑤ 五
⑥ 北　⑦ 王　⑧ 八　⑨ 月　⑩ 水

1. 어두운 밤을 환하게 밝혀 줘요.

2. '六' 더하기 '二'는 '十' 빼기 '二'와 같아요. 정답은 무엇일까요?

3. '종이, 식목일'과 관련된 한자는 무엇일까요?

4. 백성을 잘 다스리는 훌륭한 임금님.

5. ☆에 들어갈 한자는 무엇일까요?
　☆人 아저씨, 이순신 장☆

6. 어머니가 예쁜 여동생을 낳았어요.

7. 북극은 아주 추운 곳이랍니다.

8. 사촌 형은 나와 마음이 아주 잘 맞아요.

9. '나'는 불과 만나면 '수증기'가 되고, 추운 겨울에는 '얼음'으로 변하지. 또 바다에 가면 출렁출렁 '파도'가 된단다.

10. 여섯 개의 귤 중 한 개를 먹으면 몇 개가 남을까요?

창의력과 사고력을 키우는 한자 추론 문제

준7급 한자

출처 : ㈜대한민국 한자검정시험

다음 글을 읽고 내용에 맞는 한자를 생각하여 〈보기〉에서 찾아 번호를 쓰세요.

〈보기〉
① 車 ② 孝 ③ 安 ④ 名 ⑤ 左
⑥ 六 ⑦ 直 ⑧ 兄 ⑨ 海 ⑩ 十

1. 대나무가 휘지 않고 위로 쭉쭉 뻗어서 잘 자랍니다.

2. 아래 그림과 관련된 한자는 무엇일까요?

3. 시험지 성명란에 이름을 적어요.

4. (1+3)+(2+3+5)는 4+☆과 같아요. ☆에 들어갈 숫자는 무엇일까요?

5. 내 친구는 왼손잡이랍니다.

6. '水, 파도, 돛단배'와 가장 관련 있는 한자는 무엇일까요?

7. 굽은 도로 위를 달리는 자동차.

8. 앞을 볼 수 없는 아버지의 눈을 뜨게 하려는 착한 효녀, 심청이의 이야기와 관련 있는 한자는 무엇일까요?

9. 'ㅈ, 口'로 만들 수 있는 한자는 무엇일까요?

10. 아빠가 자두를 12개 사 오셨는데 언니와 내가 각각 3개씩 먹으면 몇 개가 남을까요?

창의력과 사고력을 키우는 한자 추론 문제 12

준7급 한자 출처 : ㈜대한민국 한자검정시험

다음 글을 읽고 내용에 맞는 한자를 생각하여 〈보기〉에서 찾아 번호를 쓰세요.

〈보기〉
① 手 ② 姓 ③ 火 ④ 江 ⑤ 不
⑥ 王 ⑦ 七 ⑧ 話 ⑨ 後 ⑩ 市

1. 선생님의 말씀을 귀담아들어요.

2. 아래 그림과 관련된 한자는 무엇일까요?

3. 옛날, 신라의 선덕 여왕은 훌륭한 여왕이었어요.

4. 장작불이 탁탁거리며 활활 타올라요.

5. 'ㄱ, ㅣ, 丶'로 만들 수 있는 한자는 무엇일까요?

6. 삼촌은 '박' 씨, 이모는 '정' 씨예요.

7. 《백설 공주와 일곱 난쟁이》에서 '일곱'을 뜻하는 한자는 무엇일까요?

8. '뒷문, 축구의 후반전'과 관련 있는 한자는 무엇일까요?

9. 햇빛에 반짝이는 잔잔한 은빛 물결 위로 물고기 한 마리가 폴짝 뛰었어요.

10. 언제나 시끌벅적 활기찬 시장!

창의력과 사고력을 키우는 한자 추론 문제

준7급 한자　　　　　　　　　　　　출처 : ㈜대한민국 한자검정시험

다음 글을 읽고 내용에 맞는 한자를 생각하여 〈보기〉에서 찾아 번호를 쓰세요.

〈보기〉
① 火　② 答　③ 國　④ 四　⑤ 萬
⑥ 時　⑦ 王　⑧ 八　⑨ 車　⑩ 直

1. 길 위에 자전거와 자동차가 있어요.

2. 아래 그림과 관련된 한자는 무엇일까요?

3. 선생님 질문에 우리는 큰 소리로 정답을 말했습니다.

4. '시계, 시간'과 관련 있는 한자는 무엇일까요?

5. 우리나라 이름은 대한민국입니다.

6. 서점에는 책이 만 권이나 있어요.

7. ☆에 들어갈 숫자는 무엇일까요?
   1 → 2 → 3 : (규칙은 +1)
   2 → ☆ → 6 : (규칙은 +2)

8. '三, ㅣ'로 만들 수 있는 한자는 무엇일까요?

9. 연필심이 자에 기대어 움직이면 곧은 선이 만들어져요.

10. 바구니에 참외가 있었는데 3개를 먹고 나중에 5개를 더 먹었더니 바구니가 텅텅 비었어요. 바구니에는 모두 몇 개의 참외가 있었을까요?

창의력과 사고력을 키우는 한자 추론 문제 14

준7급 한자 출처 : ㈜대한민국 한자검정시험

다음 글을 읽고 내용에 맞는 한자를 생각하여 〈보기〉에서 찾아 번호를 쓰세요.

〈보기〉
① 江 ② 工 ③ 弟 ④ 直 ⑤ 五
⑥ 上 ⑦ 女 ⑧ 子 ⑨ 白 ⑩ 南

1. 그는 허리를 곧게 펴고 걸어요.

2. 아래 그림과 관련된 한자는 무엇일까요?

3. '헤헤' 귀엽게 웃는 예쁜 내 동생.

4. '옥상, 하늘, 구름'과 관련 있는 한자는 무엇일까요?

5. 어부 아저씨는 배를 멈추고 고요한 물결 속으로 그물을 던졌어요.

6. 이 설탕은 하얀 옷을 입었어요.

7. '了, 一'로 만들 수 있는 한자는 무엇일까요?

8. 펭귄은 아주 먼 남쪽 나라, 남극에 살아요.

9. '소녀, 미녀, 마녀'의 공통점(=똑같은 점)은 무엇일까요?

10. 나는 '三'보다 크고 '七'보다는 작아요. 나를 두 번 더하면 숫자 '十'이 된답니다. 나는 어떤 숫자일까요?

창의력과 사고력을 키우는 한자 추론 문제

준7급 한자   출처 : ㈜대한민국 한자검정시험

다음 글을 읽고 내용에 맞는 한자를 생각하여 〈보기〉에서 찾아 번호를 쓰세요.

〈보기〉
① 東 ② 姓 ③ 三 ④ 左 ⑤ 農
⑥ 門 ⑦ 工 ⑧ 八 ⑨ 孝 ⑩ 校

1. (阝) 이 한자가 그림의 고양이처럼 거울을 본다면 어떤 한자가 만들어질까요?

2. 아래 그림과 관련된 한자는 무엇일까요?

3. 해님은 매일 아침 동쪽 하늘에서 기지개를 켜고 일어난답니다.

4. ☆은 '四'에 '四'를 더한 숫자예요.

5. '세발자전거, 아기 돼지 삼 형제'와 관련 있는 한자는 무엇일까요?

6. 부모님의 은혜를 생각하며 부모님 어깨를 주물러 드렸어요.

7. ☆에 들어갈 한자는 무엇일까요?
    홍길동 : 홍 → ☆, 길동 → 名

8. 좌향좌는 몸을 왼쪽으로 트는 것이다.

9. 수업 시작을 알리는 종소리가 울리면 우리는 조용히 자리에 앉습니다.

10. '江' 한자와 '空' 한자에 공통적으로(= 똑같이) 들어 있는 한자는?

창의력과 사고력을 키우는 한자 추론 문제 16

준7급 한자　　　　　　　　　　　　　　출처 : ㈜대한민국 한자검정시험

다음 글을 읽고 내용에 맞는 한자를 생각하여 〈보기〉에서 찾아 번호를 쓰세요.

〈보기〉
① 韓　② 間　③ 記　④ 海　⑤ 火
⑥ 土　⑦ 門　⑧ 午　⑨ 弟　⑩ 孝

1. 해맑게 웃는 귀여운 내 동생.

2. 아래 그림과 관련된 한자는?

3. 오늘 있었던 일을 일기장에 남겨요.

4. '창문, 남대문, 열다, 닫다'와 관련 있는 한자는 무엇일까요?

5. 밤과 아침 사이에 새벽이 있어요.

6. 김치와 한옥은 우리나라의 전통적인 음식과 집이에요.

7. '子, 耂'로 만들 수 있는 한자는?

8. 바위에 부딪혀 하얗게 부서진 파도.

9. 해 년(年)에서 이 모양(ㅗ)을 빼면 어떤 한자가 될까요?

10. "친구들 안녕. 나는 가루나 작은 알갱이 모양이야. 사람들은 나를 '토양'이라고도 불러. 나는 꽃을 기르고 곤충들도 가득 안고 있단다."

창의력과 사고력을 키우는 한자 추론 문제

준7급 한자 출처 : ㈜대한민국 한자검정시험

다음 글을 읽고 내용에 맞는 한자를 생각하여 〈보기〉에서 찾아 번호를 쓰세요.

〈보기〉
① 水 ② 午 ③ 韓 ④ 電 ⑤ 五
⑥ 安 ⑦ 敎 ⑧ 軍 ⑨ 九 ⑩ 後

1. 번쩍번쩍, 나는 하늘의 전기예요.

2. 아래 그림과 관련된 한자는 무엇일까요?

3. 숫자 '三'을 ☆번 더한 것과 '八'에서 '七'을 더한 숫자는 같아요. ☆에 들어갈 알맞은 숫자는 무엇일까요?

4. 낮 12시를 '정오'라고 해요.

5. '江, 海'와 관련 있는 한자는 무엇일까요?

6. 포근한 이불에 사르르 잠이 들었어요.

7. 앞서가는 형의 등을 보며 나는 걸었어요.

8. '車, 宀'로 만들 수 있는 한자는?

9. 선생님의 짧게 닳은 분필은 우리에 대한 사랑과 가르침을 뜻해요.

10. ☆에 알맞은 숫자는 무엇일까요?
    11 → 6 → 1 (규칙 : -五)
    21 → 12 → 3 (규칙 : -☆)

창의력과 사고력을 키우는 한자 추론 문제

7급 한자　　　　　　　　　　　　출처 : ㈜대한민국 한자검정시험

다음 글을 읽고 내용에 맞는 한자를 생각하여 〈보기〉에서 찾아 번호를 쓰세요.

〈보기〉
① 歌　② 登　③ 祖　④ 紙　⑤ 重
⑥ 民　⑦ 草　⑧ 名　⑨ 秋　⑩ 千

1. 동생이 동요를 부르고 있어요.

2. 아래 그림과 관련된 한자는 무엇일까요?

3. 쿵쿵, 땅을 깨우는 코끼리 걸음 소리.

4. ☆에 들어갈 한자는 무엇일까요?
　책과 스케치북은 ☆로 만들어요.
　☆를 접어서 비행기를 날려요.

5. '등산, 사다리'와 관련 있는 한자는?

6. 아침 이슬을 머금은 싱그러운 풀잎.

7. ☆에 들어갈 한자는 무엇일까요?
　十 → 百 → ☆ → 萬

8. 〈七, 阝〉로 만들 수 있는 한자는?

9. ☆에 들어갈 한자는 무엇일까요?
　홍길동 : 홍 → 姓, 길동 → ☆

10. "뜨거운 여름을 잘 버텼어."
　계절의 시간이 나에게 속삭이며 울긋불긋
　예쁜 단풍잎 꽃다발을 건네줘요.

창의력과 사고력을 키우는 한자 추론 문제

7급 한자   출처 : ㈜대한민국 한자검정시험

다음 글을 읽고 내용에 맞는 한자를 생각하여 〈보기〉에서 찾아 번호를 쓰세요.

〈보기〉
① 力　② 紙　③ 三　④ 老　⑤ 旗
⑥ 內　⑦ 七　⑧ 夏　⑨ 夕　⑩ 花

1. 종이가 모여 책, 신문이 되지요.

2. 아래 그림과 관련된 한자는 무엇일까요?

3. 우리 집 강아지는 20살, 할머니래요.

4. 'ㄇ, 人'로 만들 수 있는 한자는?

5. 2 더하기 ☆은 9입니다. 이때 ☆은 무슨 숫자일까요?

6. 우리나라 국기는 태극기입니다.

7. '더위, 방학, 부채, 수박'과 가장 관련 있는 한자는 무엇일까요?

8. 서쪽 하늘, 달님은 해님이 뿌린 빨간 노을을 거두며 조금씩 얼굴을 내밀어요.

9. 꽁꽁 언 눈밭 위에 예쁜 꽃이 폈어요.

10. 자동차 1대는 4개의 바퀴를 가지고 있어요. 바퀴가 모두 12개가 있다면 몇 대의 자동차가 있는 걸까요?

창의력과 사고력을 키우는 한자 추론 문제

7급 한자　　　　　　　　　　　출처 : ㈜대한민국 한자검정시험

다음 글을 읽고 내용에 맞는 한자를 생각하여 〈보기〉에서 찾아 번호를 쓰세요.

〈보기〉
① 姓　② 食　③ 海　④ 歌　⑤ 五
⑥ 六　⑦ 王　⑧ 花　⑨ 孝　⑩ 右

1. 성씨에는 김, 이, 박 등이 있어요.

2. 아래 그림과 관련 있는 한자는 무엇일까요?

3. 아침 식사로 달걀프라이를 먹었어요.

4. 10 빼기 ☆은 ☆입니다. 이때 ☆은 무슨 숫자일까요?

5. 음악 시간에 동요를 즐겁게 불렀어요.

6. '耂, 子'로 만들 수 있는 한자는 무엇일까요?

7. '春, 개나리, 진달래'와 가장 관련 있는 한자는 무엇일까요?

8. 세종 대왕은 조선의 제4대 왕이에요.

9. '西'쪽이 왼(左)쪽이라면 '東'쪽은 ☆쪽이에요.

10. 百 = $\begin{smallmatrix}-2\\-2\end{smallmatrix}\begin{pmatrix}98+二\\96+四\\94+★\end{pmatrix}\begin{smallmatrix}+2\\+2\end{smallmatrix}$

★에 들어갈 알맞은 숫자는 무엇일까요?

창의력과 사고력을 키우는 한자 추론 문제 21

7급 한자 출처 : ㈜대한민국 한자검정시험

다음 글을 읽고 내용에 맞는 한자를 생각하여 〈보기〉에서 찾아 번호를 쓰세요.

〈보기〉
①足 ②問 ③數 ④手 ⑤色
⑥休 ⑦中 ⑧天 ⑨孝 ⑩冬

1. 아래 그림과 관련 있는 한자는?

2. 궁금한 것을 선생님께 질문했어요.

3. ☆에 들어갈 한자는 무엇일까요?
   家 = 室
   里 = 村
   算 = ☆

4. 'ㅁ, ㅣ'로 만들 수 있는 한자는 무엇일까요?

5. ☆에 들어갈 한자는 무엇일까요?
   고래는 바다에, 비행기는 ☆에 있어요.

6. 설거지를 할 때는 고무장갑을 껴요.

7. '白, 靑, 빨강'과 관련 있는 한자는 무엇일까요?

8. 나무가 선물한 시원한 그늘 품에 안겨 쉬고 있는 사람들의 모습을 가진 한자는 무엇일까요?

9. 올해 1월은 너무 추워서 지구가 냉장고 안에 있는 것 같았어요.

10. ☆에 들어갈 한자는 무엇일까요?
    ☆道 : 부모를 정성껏 잘 모시다.
    ☆心 : 효성스러운 마음.

창의력과 사고력을 키우는 한자 추론 문제

7급 한자 출처 : ㈜대한민국 한자검정시험

다음 글을 읽고 내용에 맞는 한자를 생각하여 〈보기〉에서 찾아 번호를 쓰세요.

<보기>
① 算 ② 登 ③ 水 ④ 車 ⑤ 問
⑥ 右 ⑦ 紙 ⑧ 老 ⑨ 秋 ⑩ 歌

1. 등장하는 배우들이 무대에 올랐어요.

2. 6 더하기 7은 13이고, 10 빼기 7은 3이랍니다. 나는 덧셈 뺄셈을 잘해요!

3. '江, 川, 海'와 가장 관련 있는 한자는?

4. 자동차 한 대와 짐을 가득 실은 수레를 뜻하는 한자는 무엇일까요?

5. ☆에 들어갈 한자는 무엇일까요?
   前 ↔ 後
   南 ↔ 北
   左 ↔ ☆

6. 흰 머리카락이 가장 좋아하는 음식은 '흐르는 시간'이래요.

7. 연습장과 스케치북은 나무가 우리에게 선물한 소중한 물건이랍니다.

8. '門, 口'로 만들 수 있는 한자는 무엇일까요?

9. 파란 하늘 아래 빨간 고추잠자리, 넘실넘실 춤추는 황금빛 벼와 고운 단풍, 자연이 만든 예쁜 천연색 풍경이 떠오르는 한자는 무엇일까요?

10. ☆에 들어갈 한자는 무엇일까요?
    國☆ : 나라를 대표하는 노래.
    ☆手 : 노래하는 것이 직업인 사람

창의력과 사고력을 키우는 한자 추론 문제

7급 한자　　　　　　　　　　　　출처 : ㈜대한민국 한자검정시험

다음 글을 읽고 내용에 맞는 한자를 생각하여 〈보기〉에서 찾아 번호를 쓰세요.

〈보기〉
① 東　② 記　③ 名　④ 百　⑤ 木
⑥ 下　⑦ 答　⑧ 長　⑨ 夏　⑩ 安

1. 밝은 태양이 동쪽에서 떠올라요.

2. '夕, 口'로 만들 수 있는 한자는 무엇일까요?

3. 재밌게 보낸 오늘을 일기장에 남겨요.

4. '植, 林'과 가장 관련 있는 한자는 무엇일까요?

5. ☆은 '五十'을 두 번 더한 숫자예요. ☆은 무엇일까요?

6. 친구는 우리 집 아래층에 살아요.

7. ☆에 들어갈 한자는 무엇일까요?
   기차는 ☆, 자동차는 짧아요.

8. ☆에 들어갈 한자는 무엇일까요?
   問 : 10 빼기 3은 무엇일까요?
   ☆ : 네. 7입니다.

9. '3월, 새싹, 새 학년'이 '春'이라면 '7월, 물놀이, 무더위'는 무엇일까요?

10. 겨울밤, 따뜻한 벽난로 옆에서 고양이 한 마리가 포근히 잠자고 있어요.

창의력과 사고력을 키우는 한자 추론 문제

7급 한자

출처 : ㈜대한민국 한자검정시험

다음 글을 읽고 내용에 맞는 한자를 생각하여 〈보기〉에서 찾아 번호를 쓰세요.

〈보기〉
① 全 ② 旗 ③ 草 ④ 數 ⑤ 口
⑥ 登 ⑦ 孝 ⑧ 海 ⑨ 右 ⑩ 天

1. 바람에 펄럭펄럭 춤추는 태극기.

2. 수학 시간에 덧셈을 배웠어요.

3. '入, 王'으로 만들 수 있는 한자는 무엇일까요?

4. 들판에는 싱그러운 풀이 가득해요.

5. '歌, 語, 話'와 가장 관련 있는 한자는 무엇일까요?

6. 위층에 가려면 계단으로 올라가세요.

7. 부모님의 아픈 팔을 주물러 드렸어요.

8. 나는 오른손을 자주 사용해요.

9. ☆에 들어갈 한자는 무엇일까요?
   개, 고양이, 자동차 → 地
   고래, 상어, 배 → ☆

10. 구름이 줄지어 흘러가고 해와 달과 무지개가 걸려 있어요.

창의력과 사고력을 키우는 한자 추론 문제

7급 한자 출처 : ㈜대한민국 한자검정시험

다음 글을 읽고 내용에 맞는 한자를 생각하여 <보기>에서 찾아 번호를 쓰세요.

<보기>
① 江   ② 下   ③ 名   ④ 重   ⑤ 冬
⑥ 百   ⑦ 間   ⑧ 登   ⑨ 天   ⑩ 花

1. 잔잔한 물 위에 어부가 배를 띄워요.

2. "민호야." 친구가 나를 불렀어요.

3. 계단을 내려가면 지하실이 있어요.

4. 조심조심, 사다리를 올라가요.

5. ☆은 '十'을 열 번 더한 숫자예요. ☆은 무슨 숫자일까요?

6. 찬 바람에 잔뜩 웅크린 나에게 눈사람이 같이 놀자고 손짓해요.

7. 사이, 틈새를 뜻하는 말로 '門(문)' 자와 '日(해)' 자가 합쳐진 한자는 무엇일까요?

8. 코끼리는 나보다 몸무게가 ☆. ☆에 들어갈 한자는 무엇일까요?

9. '一, 大'로 만들 수 있는 한자는 무엇일까요?

10. '화분, 향기, 무궁화'와 가장 관련이 있는 한자는 무엇일까요?

창의력과 사고력을 키우는 한자 추론 문제 26

7급 한자   출처 : ㈜대한민국 한자검정시험

다음 글을 읽고 내용에 맞는 한자를 생각하여 〈보기〉에서 찾아 번호를 쓰세요.

〈보기〉
① 道   ② 手   ③ 家   ④ 老   ⑤ 花
⑥ 算   ⑦ 午   ⑧ 主   ⑨ 海   ⑩ 命

1. 가족의 따뜻한 사랑이 넘치는 곳은 어디일까요?

2. '오솔길, 찻길, 고속 도로'와 가장 관련이 있는 한자는 무엇일까요?

3. 손뼉을 치고 친구와 악수도 해요.

4. 이웃집 할머니에게 돋보기안경 친구가 생겼어요.

5. 봄에는 노란 개나리와 하얀 목련, 분홍 진달래가 피어요.

6. "철썩철썩" 파도 소리, "끼룩끼룩" 갈매기 소리가 들려요.

7. 임금, 주인을 뜻하는 말로 'ㆍ(점)' 자와 '王(왕)' 자가 합쳐진 한자는 무엇일까요?

8. 해님은 매일 햇빛 선물을 주지요.

9. 머릿속으로 덧셈을 해 보았어요.

10. 사람의 생명을 구하는 소방관 아저씨가 될래요.

창의력과 사고력을 키우는 한자 추론 문제

7급 한자 출처 : ㈜대한민국 한자검정시험

다음 글을 읽고 내용에 맞는 한자를 생각하여 〈보기〉에서 찾아 번호를 쓰세요.

〈보기〉
① 農 ② 歌 ③ 夏 ④ 六 ⑤ 右
⑥ 旗 ⑦ 重 ⑧ 火 ⑨ 孝 ⑩ 紙

1. 비둘기는 "꾹꾹" 꾀꼬리는 "꾀꼴꾀꼴", 즐거운 합창 대회가 열렸어요.

2. 반바지를 입고 물놀이를 합니다.

3. 부모님을 항상 기쁘게 해 드려요.

4. 우리나라의 국기는 태극기입니다.

5. '끙끙' 아무리 힘써 봐도 이 바위는 꿈쩍도 하지 않아요.

6. 서쪽은 내 왼편이에요. 그럼 동쪽은 어느 편일까요?

7. '소화기, 소방차'와 관련된 한자는 무엇일까요?

8. 열심히 벼를 심는 농부 아저씨!

9. 형은 올해 초등학교를 졸업하는 ☆학년이에요. ☆에 들어갈 한자는 무엇일까요?

10. 반듯한 글씨와 예쁜 그림이 이곳에 안겨 있답니다.

1일차 학습 문제 정답

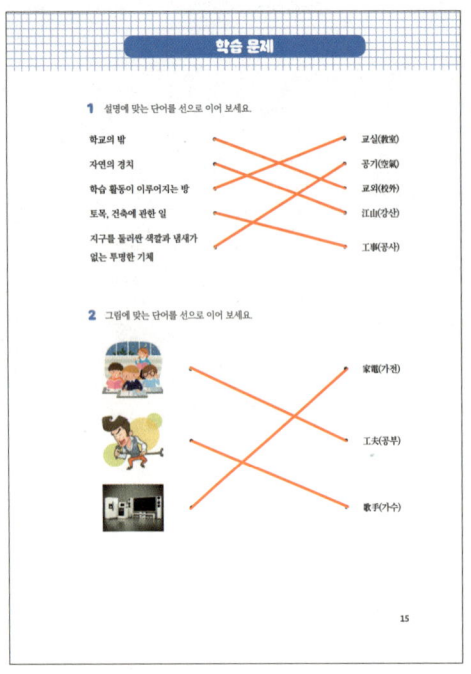

3일차 학습 문제 정답

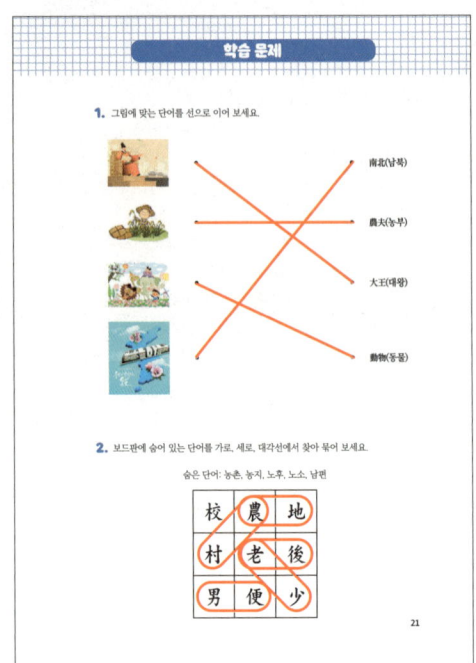

2일차 학습 문제 정답

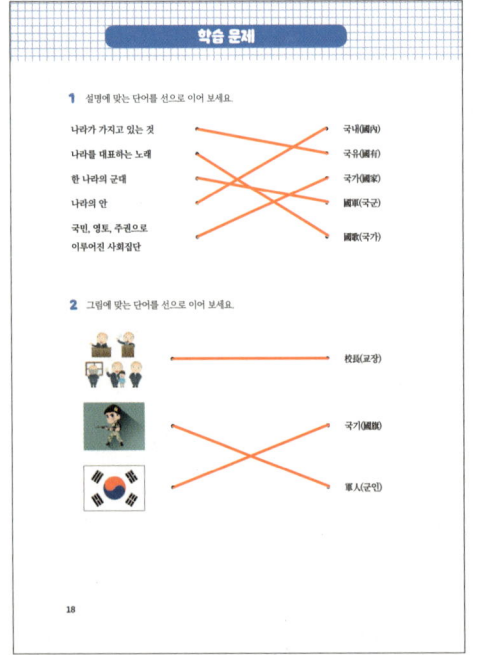

4일차 학습 문제 정답

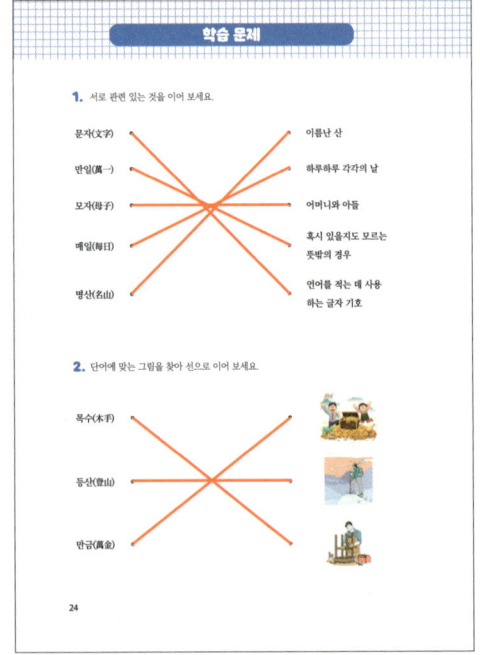

5일차 학습 문제 정답

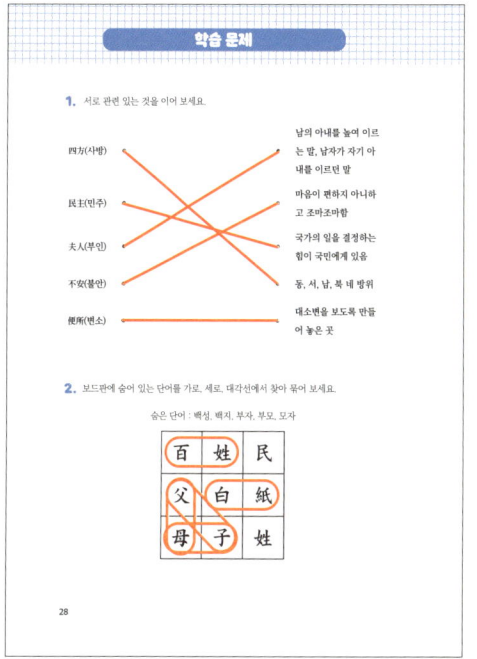

8일차 학습 문제 정답

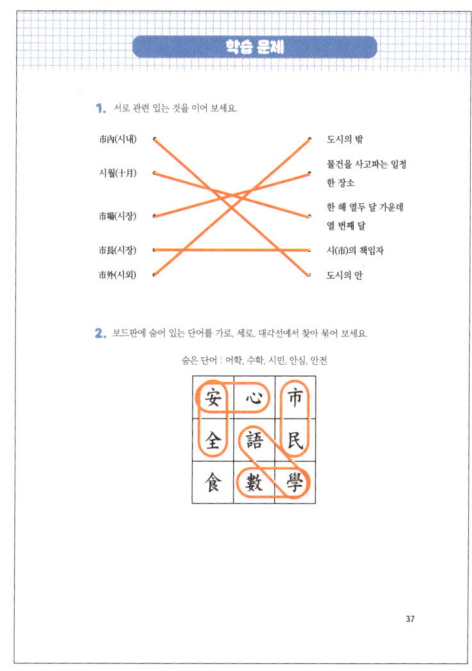

6일차 학습 문제 정답

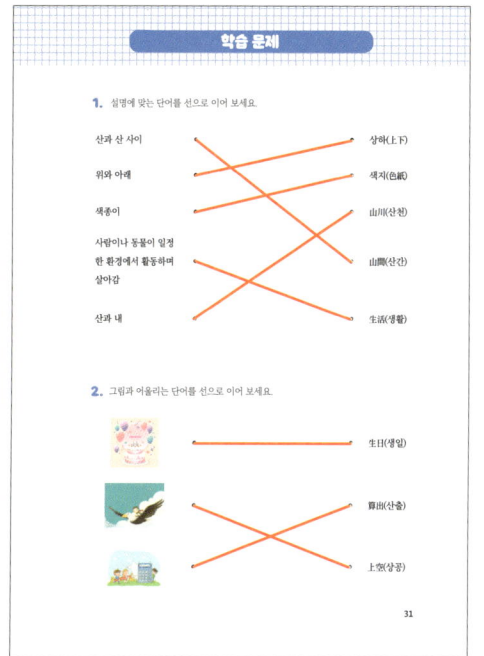

9일차 학습 문제 정답

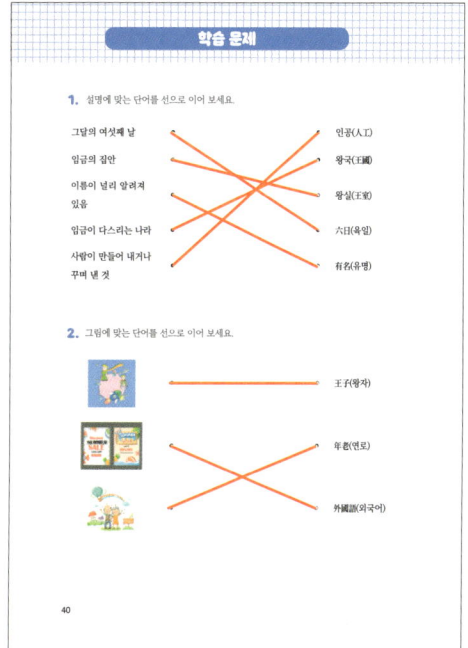

10일차 학습 문제 정답

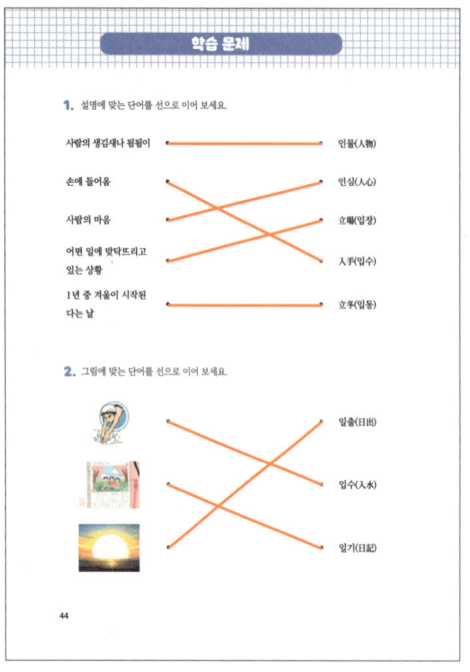

12일차 학습 문제 정답

11일차 학습 문제 정답

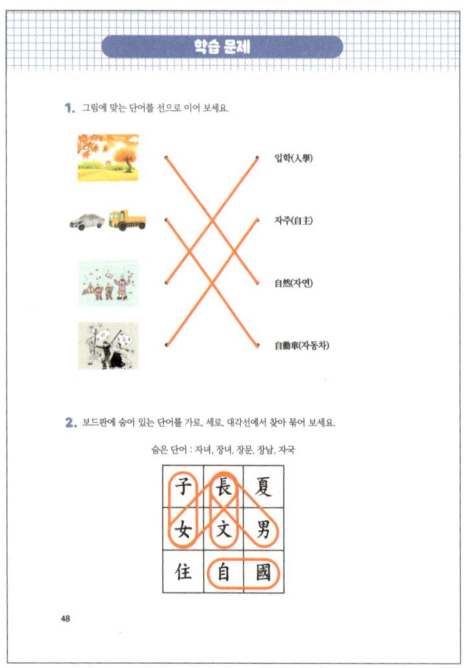

14일차 학습 문제 정답

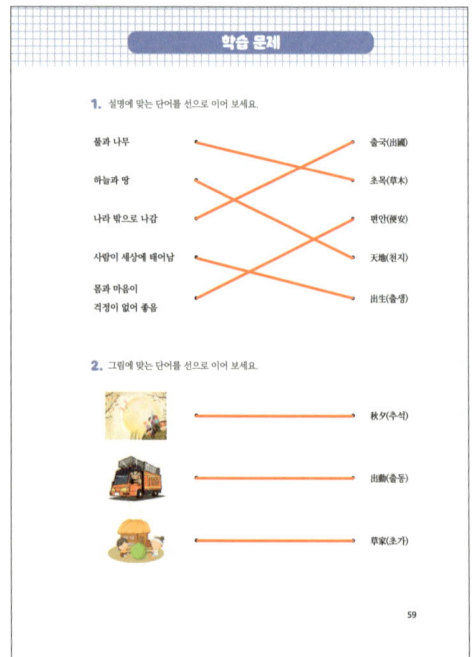

15일차 학습 문제 정답

16일차 학습 문제 정답

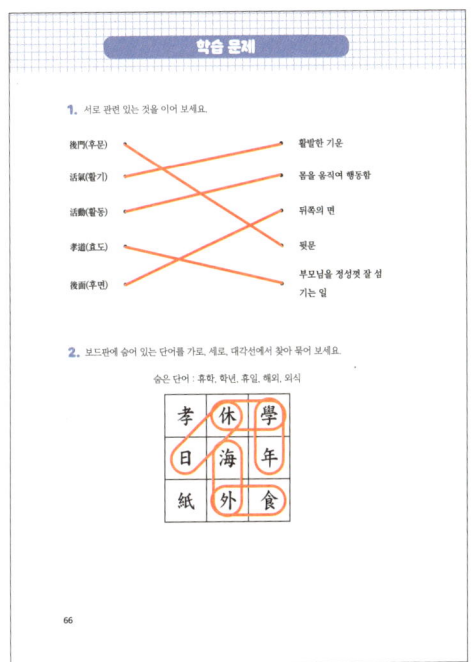

8급한자

추론 문제 1

1	②金	6	⑦七
2	①南	7	⑤室
3	④萬	8	⑩十
4	⑥學	9	③王
5	⑧兄	10	⑨木

추론 문제 2

1	①韓	6	⑦七
2	④長	7	⑤先
3	③三	8	⑧月
4	⑥水	9	⑩校
5	②西	10	⑨小

추론 문제 3

1	①木	6	⑨九
2	③水	7	⑧母
3	②王	8	⑦月
4	⑥校	9	⑩兄
5	⑤國	10	④四

추론 문제 4

1	①韓	6	⑤土
2	②學	7	⑨金
3	③三	8	⑥西
4	④火	9	⑧女
5	⑦七	10	⑩十

추론 문제 5

1	③王	6	⑦南
2	①水	7	⑩十
3	②弟	8	⑧東
4	④木	9	⑨門
5	⑥月	10	⑤五

추론 문제 6

1	①金	6	④土
2	③火	7	⑦水
3	②門	8	⑨九
4	⑤國	9	⑧校
5	⑥六	10	⑩年

추론 문제 7

1	②山	6	⑤五
2	③敎	7	④火
3	⑨九	8	⑥中
4	①生	9	⑧王
5	⑦女	10	⑩東

추론 문제 8

1	③木	6	⑦民
2	①敎	7	⑥門
3	②軍	8	⑨北
4	⑤五	9	⑩寸
5	④西	10	⑧八

준7급 한자

추론 문제 9

1	①室	6	⑥萬
2	⑤日	7	⑦月
3	④靑	8	⑧土
4	③七	9	⑩生
5	②國	10	⑨四

추론 문제 10

1	⑨月	6	②女
2	⑧八	7	⑥北
3	①木	8	③寸
4	⑦王	9	⑩水
5	④軍	10	⑤五

추론 문제 11

1	⑦直	6	⑨海
2	③安	7	①車
3	④名	8	②孝
4	⑩十	9	⑧兄
5	⑤左	10	⑥六

<추론 문제 12>

1	⑧話	6	②姓
2	①手	7	⑦七
3	⑥王	8	⑨後
4	③火	9	④江
5	⑤不	10	⑩市

추론 문제 13

1	⑨車	6	⑤萬
2	①火	7	④四
3	②答	8	⑦王
4	⑥時	9	⑩直
5	③國	10	⑧八

추론 문제 14

1	④直	6	⑨白
2	②工	7	⑧子
3	③弟	8	⑩南
4	⑥上	9	⑦女
5	①江	10	⑤五

7급 한자

추론 문제 15

1	⑥門	6	⑨孝
2	⑤農	7	②姓
3	①東	8	④左
4	⑧八	9	⑩校
5	③三	10	⑦工

추론 문제 16

1	⑨弟	6	①韓
2	⑤火	7	⑩孝
3	③記	8	④海
4	⑦門	9	⑧午
5	②間	10	⑥土

추론 문제 17

1	④電	6	⑥安
2	③韓	7	⑩後
3	⑤五	8	⑧軍
4	②午	9	⑦敎
5	①水	10	⑨九

추론 문제 18

1	①歌	6	⑦草
2	③祖	7	⑩千
3	⑤重	8	⑥民
4	④紙	9	⑧名
5	②登	10	⑨秋

추론 문제 19

1	②紙	6	⑤旗
2	①力	7	⑧夏
3	④老	8	⑨夕
4	⑥內	9	⑩花
5	⑦七	10	③三

추론 문제 20

1	①姓	6	⑨孝
2	③海	7	⑧花
3	②食	8	⑦王
4	⑤五	9	⑩右
5	④歌	10	⑥六

추론 문제 21

1	①足	6	④手
2	②問	7	⑤色
3	③數	8	⑥休
4	⑦中	9	⑩冬
5	⑧天	10	⑨孝

추론 문제 22

1	②登	6	⑧老
2	①算	7	⑦紙
3	③水	8	⑤問
4	④車	9	⑨秋
5	⑥右	10	⑩歌

추론 문제 23

1	①東	6	⑥下
2	③名	7	⑧長
3	②記	8	⑦答
4	⑤木	9	⑨夏
5	④百	10	⑩安

추론 문제 24

1	②旗	6	⑥登
2	④數	7	⑦孝
3	①全	8	⑨右
4	③草	9	⑧海
5	⑤口	10	⑩天

추론 문제 25

1	①江	6	⑤冬
2	③名	7	⑦間
3	②下	8	④重
4	⑧登	9	⑨天
5	⑥百	10	⑩花

추론 문제 26

1	③家	6	⑨海
2	①道	7	⑧主
3	②手	8	⑦午
4	④老	9	⑥算
5	⑤花	10	⑩命

추론 문제 27

1	②歌	6	⑤右
2	③夏	7	⑧火
3	⑨孝	8	①農
4	⑥旗	9	④六
5	⑦重	10	⑩紙

최정수 박사
한자속독

세계 최초, 한자와 속독으로, 두뇌 계발!
우리나라 최초로 대학교에서 채택한
과학적인 한자속독™ 교육!!

발명특허 획득

최정수 박사 한자속독™이란?
한자의 특수성과 속독의 원리를 활용하여
뇌생리학적 원리에 맞추어 개발된 과학적인 교육입니다.

프로그램에 따라 훈련만 하면

1	2	3	4	5
올바른 인성 확립	좌뇌·우뇌가 활성화되어 두뇌 계발	눈과 마음이 함께 훈련되므로 집중력 강화	한자를 쉽고 빠르게 습득, 장기 기억	정확한 안구 운동으로 독서 능력 향상

N 한국한자속독교육협회 🔍

(주)대한민국 한자검정시험

✓ 한자능력검정은 물론 창의력과 사고력을 높이는 독창적인 시험!
✓ 국내 한자 시험 처음으로 ★ 추론·독해 ★ 문제를 도입하여 누구도 모방할 수 없는 획기적인 문제 출제!
✓ 어린이들의 문해력·상상력·종합적인 사고력 향상!

 대한민국한자검정시험 🔍

教	校	九
國	軍	金
南	女	年
大	東	六
萬	母	木

아홉 **구**	학교 **교**	가르칠 **교**
쇠**금** 성**김**	군사 **군**	나라 **국**
해 **년**	여자 **여(녀)**	남녘 **남**
여섯 **육(륙)**	동녘 **동**	큰 **대**
나무 **목**	어머니 **모**	일만 **만**

門	民	白
父	北	四
山	三	生
西	先	小
水	室	十

흰 백 《8급》	백성 민 《8급》	문 문 《8급》
넉 사 《8급》	북녘 북 달아날 배 《8급》	아버지 부 《8급》
날 생 《8급》	석 삼 《8급》	메 산 《8급》
작을 소 《8급》	먼저 선 《8급》	서녘 서 《8급》
열 십 《8급》	집 실 방 실 《8급》	물 수 《8급》

五	王	外
月	二	人
一	日	長
弟	中	青
寸	七	土

바깥 외 《8급》	임금 왕 《8급》	다섯 오 《8급》
사람 인 《8급》	두 이 《8급》	달 월 《8급》
길 장 어른 장 《8급》	날 일 해 일 《8급》	한 일 《8급》
푸를 청 《8급》	가운데 중 《8급》	아우 제 《8급》
흙 토 《8급》	일곱 칠 《8급》	마디 촌 《8급》

八	學	韓
兄	火	家
間	江	車
工	空	記
氣	男	內

한국 한 나라 한 《8급》	배울 학 《8급》	여덟 팔 《8급》
집 가 《준7급》	불 화 《8급》	형 형 맏 형 《8급》
수레 차 수레 거 《준7급》	강 강 《준7급》	사이 간 《준7급》
기록할 기 《준7급》	빌 공 《준7급》	장인 공 《준7급》
안 내 《준7급》	남자 남 《준7급》	기운 기 《준7급》

農	答	道
動	力	立
每	名	物
方	不	事
上	姓	世

길 **도** 《준7급》	대답 **답** 《준7급》	농사 **농** 《준7급》
설 **립** 《준7급》	힘 **력** 《준7급》	움직일 **동** 《준7급》
물건 **물** 《준7급》	이름 **명** 《준7급》	매양 **매** 《준7급》
일 **사** 《준7급》	아닐**부** 아닐**불** 《준7급》	모 **방** 《준7급》
인간 **세** 《준7급》	성씨 **성** 《준7급》	윗 **상** 《준7급》

手	市	時
食	安	午
右	子	自
場	全	前
電	正	足

때 시 《준7급》	저자 시 《준7급》	손 수 《준7급》
낮 오 《준7급》	편안 안 《준7급》	밥 식 먹을 식 《준7급》
스스로 자 《준7급》	아들 자 《준7급》	오른쪽 우 《준7급》
앞 전 《준7급》	온전할 전 《준7급》	마당 장 《준7급》
발 족 《준7급》	바를 정 《준7급》	번개 전 전기 전 《준7급》

左	直	平
下	漢	海
話	活	孝
後	歌	口
旗	冬	同

평평할 **평** 《준7급》	곧을 **직** 《준7급》	왼(왼쪽) **좌** 《준7급》
바다 **해** 《준7급》	한수 **한** 한나라 **한** 《준7급》	아래 **하** 《준7급》
효도 **효** 《준7급》	살 **활** 《준7급》	말씀 **화** 《준7급》
입 **구** 《7급》	노래 **가** 《7급》	뒤 **후** 《준7급》
한가지 **동** 《7급》	겨울 **동** 《7급》	기(깃발) **기** 《7급》

洞	登	來
老	里	林
面	命	文
問	百	夫
算	色	夕

올래 래 《7급》	오를 등 《7급》	골 동 마을 동 밝을 통 《7급》
수풀 림 《7급》	마을 리 《7급》	늙을 로 《7급》
글월 문 《7급》	목숨 명 《7급》	낯 면 《7급》
지아비(남편) 부 《7급》	일백 백 《7급》	물을 문 《7급》
저녁 석 《7급》	빛 색 《7급》	셈 산 《7급》

少	所	數
植	心	語
然	有	育
邑	入	字
祖	主	住

셈 **수** 자주 **삭**	바 **소**	적을 **소**
《7급》	《7급》	《7급》
말씀 **어**	마음 **심**	심을 **식**
《7급》	《7급》	《7급》
기를 **육**	있을 **유**	그러할 **연**
《7급》	《7급》	《7급》
글자 **자**	들 **입**	고을 **읍**
《7급》	《7급》	《7급》
살 **주**	임금 **주** 주인 **주**	조상 **조** 할아버지 **조**
《7급》	《7급》	《7급》

紙	地	重
天	川	千
秋	村	草
便	出	春
休	花	夏

종이 **지** 《7급》	땅 **지** 《7급》	무거울 **중** 《7급》
하늘 **천** 《7급》	내 **천** 《7급》	일천 **천** 《7급》
가을 **추** 《7급》	마을 **촌** 《7급》	풀 **초** 《7급》
편할 **편** 똥오줌 **변** 《7급》	날 **출** 《7급》	봄 **춘** 《7급》
쉴 **휴** 《7급》	꽃 **화** 《7급》	여름 **하** 《7급》